20. **'OLUTION NATURELLE**

ET

ÉVOLUTION SOCIALE

PAR

A. MARPAUX

Ni Dieu ni Maitre.
BLANQUI.

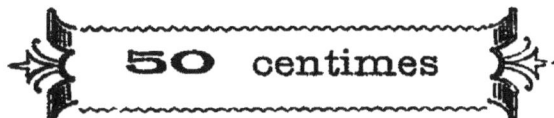

50 centimes

DIJON

TYPOGRAPHIE ET LITHOGRAPHIE CARRÉ

40, rue Amiral-Roussin, 40

—

1894

L'ÉVOLUTION NATURELLE

ET

L'ÉVOLUTION SOCIALE

PAR

A. MARPAUX

Ni Dieu ni Maître.
BLANQUI.

DIJON
TYPOGRAPHIE ET LITHOGRAPHIE CARRÉ
40, rue Amiral-Roussin, 40

1894

8ºR
12820

A MES BONS AMIS

Emile BULLIARD, *le Docteur Armand ROLAND*

Alfred J***, *Edmond G*** et Antoine G****

JE DÉDIE CET OPUSCULE

AUX LECTEURS

En écrivant ce petit manuel, je me suis imposé un double but : vulgariser quelques notions des sciences naturelles ayant trait à l'origine des mondes, des êtres et des sociétés humaines ; démontrer que ces mêmes sciences convergent vers le socialisme de concert avec toutes les autres branches des connaissances humaines.

Ce que j'ai voulu, c'est en quelque sorte créer un catéchisme de la nature en opposition avec les catéchismes des différentes religions et les manuels consacrant l'ordre propriétaire. L'épigraphe que j'ai choisie indique d'ailleurs en quel sens il a été conçu.

Je dédie cette modeste étude à ce nombreux public dont le temps est parcimonieusement mesuré par le labeur quotidien et qu'une préparation antérieure n'a pas familiarisé avec l'étude assez compliquée des questions qui tourmentent notre époque. J'ai essayé d'aplanir les difficultés d'exposition d'une science non encore vulgarisée et dont le vocabulaire est hérissé de mots techniques qui n'ont pas de synonymes dans la langue courante. Un lexique annexé à la fin de cet ouvrage viendra expliquer ces termes.

Je n'ai pas eu la prétention de faire un traité complet de sociologie, mais de rendre accessible à toutes les bourses un résumé qui provoquera évidemment une étude plus complète et plus fouillée. Ma seule ambition, c'est d'avoir montré le chemin où devront s'engager les hommes soucieux d'approfondir cette passionnante question de l'origine et de l'avenir de l'espèce humaine. Bienheureux si j'ai pu entr'ouvrir pour mes lecteurs le grand livre de la nature et si, grâce au charme qui s'en dégage, j'ai pu les exciter à le feuilleter souvent et à en tirer les sublimes enseignements qui y sont contenus.

PRÉFACE

Les sciences naturelles nous dévoilent le mode de formation des êtres et des mondes. Les sciences morales et politiques, appuyées sur les vérités démontrées par les sciences naturelles, nous conduisent, par la force du raisonnement, à admettre que le socialisme est la seule organisation admissible, logique et rationnelle.

Les différentes religions ordonnent à leurs adeptes de fermer les yeux et de croire à leurs dogmes absurdes. Les législateurs nous demandent le respect de leurs lois et nous les imposent par la force. Nous, nous adjurons nos lecteurs de regarder et de ne croire qu'à ce que la science prouve et ce que l'expérience et le libre examen démontrent. C'est ainsi que le Transformisme, plus communément appelé Darwinisme, nous fait voir l'animalité se modifiant sans cesse à travers les âges; la monade primitive se transformant de siècle en siècle, et l'animal qui, au début, était formé d'une cellule devenant, à la suite d'un nombre incalculable d'années, l'être parfait dont nous admirons la complexité. En face de ces preuves irréfutables de notre origine, les superstitions religieuses et les croyances surannées s'écroulent et tombent dans le mépris et le ridicule. Libres-Penseurs! combien doit être grande votre fierté! vous qui avez eu en quelque sorte la prescience de ce qui se produit à cette heure! La simple raison vous avait fait rejeter le fatras des dogmes théologiques et les conceptions spiritualistes de nos philosophes. C'était s'en prendre aux rameaux, non à la racine. Réjouissez-vous! La science est venue confirmer vos convictions. La théorie matérialiste de l'origine de tous les êtres est devenue une vérité et une loi incontestée. Voltaire se complète par Darwin. Dieu a été précipité des hauteurs inaccessibles où notre imagination l'avait placé. La Matière, prenant

sa place, a été sacrée éternelle et immuable au milieu
des transformations incessantes qu'elle subit.

L'atome s'associe à d'autres atomes; bientôt le protoplasma se forme sous une poussée des éléments en
travail ; l'animal rudimentaire se constitue et devient
de plus en plus compliqué par l'accumulation des
siècles : enfin, l'homme, dernier terme de ces transformations, apparaît à la fin des âges. De même que
l'atome, l'homme — molécule infinitésimale au milieu
de l'univers — suivant en cela les lois naturelles,
s'agrège à son tour à d'autres hommes L'association
est faite ; la société est créée. Mais alors se produit
souvent une déviation dans l'ordre naturel établi.
L'homme, au lieu de conserver sa liberté et son indépendance primitives, abandonne ces deux précieux
attributs et les prostitue à un maître tyrannique. Deux
castes distinctes surgissent bientôt de cet état social.
Les partisans et les favoris du maître deviennent, suivant les époques, des feudataires, des ducs, des chevaliers et.... des capitalistes.

De nos jours, la féodalité de naissance a été rem-
placée par celle de l'argent. Le Veau d'or est le roi du
monde. Rien n'est changé : les noms seuls diffèrent.

Une orgueilleuse et oisive minorité pèse de tout son
poids sur la foule innombrable du peuple, qui est
écrasé par un effroyable labeur.

Et, fidèles serviteurs de qui détient l'or, des savants
se font les apologistes de ce régime contre nature!

Ces vils flatteurs, au moyen d'arguments spécieux
tirés de l'observation superficielle des lois du transformisme, prétendent justifier les inégalités sociales, résultant de *conventions* modifiables au gré de l'homme,
au nom même de la lutte pour l'existence. Ils ne
veulent pas reconnaître le principe de la loi d'association pour la lutte, principe qui domine les espèces.
C'est imiter les religions que l'on veut détruire en ce
qu'elles ont de plus néfaste : la croyance au fatalisme.

Pareille prétention est dangereuse pour la vérité

contenue dans le transformisme : elle ferait haïr aux déshérités cette science qui leur dénie le droit à l'exis-tence, si les prolétaires jugeaient des choses aussi légèrement que nos savants économistes.

Mais il n'en sera pas ainsi. Les travailleurs se diront que deux vérités ne peuvent se combattre, que la nature ne peut refuser aux hommes les richesses qu'elle présente à leurs yeux. Ils penseront avec nous qu'il est temps d'examiner de près ces sciences natu-relles avec lesquelles on prétendait sanctionner à jamais leur esclavage, et ils verront qu'elles sont, au contraire, la condamnation solennelle et sans réplique du régime capitaliste oppresseur des hommes et de la nature ; ils y liront en même temps et la chute des dieux et la rédemption des peuples.

PREMIÈRE PARTIE

L'ÉVOLUTION NATURELLE

I. L'Univers

Introduction

Lorsque l'homme sort de la longue enfance des siècles passés, sa première action est de regarder autour de lui les objets qui l'environnent. Le monde extérieur attire tout d'abord son attention, et ses yeux éblouis, après avoir considéré les objets les plus rapprochés, se relèvent pour admirer les mondes qui lui apparaissent comme suspendus à la voûte céleste. Son intelligence entre ensuite en scène : elle cherche à deviner l'origine des choses et la raison dernière de l'Univers. — Enfin, faisant un retour sur lui-même, il s'attarde à étudier sa propre personnalité. Il se différencie du reste de la nature et découvre en lui un être moral qui a des devoirs envers lui-même, envers ses semblables et envers les éléments qui l'enserrent de toutes parts.

Dans cette courte étude, nous suivrons cet ordre naturel et logique. Après avoir examiné le monde extérieur, nous analyserons l'être humain dans ses rapports avec lui-même et avec la société, et nous tirerons ensuite les conclusions logiques que nous aura suggérées cet examen.

L'Univers

L'Univers est tout ce qui existe. Il comprend non seulement la terre, la lune, le soleil, les étoiles, les nébuleuses, l'éther, les atomes, mais encore tout ce que notre œil ne peut découvrir et tout ce que notre esprit trop limité ne peut même concevoir. Il est difficile à l'homme de s'en faire une idée juste, car nous prenons fatalement nos points de comparaison sur ce qui nous entoure et sur ce que nous voyons. Le *très grand* et le *très petit*, qui ne sont cependant pas l'infini, surpassent notre imagination et nous semblent sans mesure. De là les superstitions et la croyance au surnaturel qui ont servi d'explications pendant de longs siècles à l'humanité et qui sont encore si profondément enracinées chez tous les peuples.

L'Univers est l'infiniment grand : il ne peut se mesurer. Il est peuplé d'atomes inpondérables et invisibles qui tous gravitent, vivent, s'unissent et se séparent. La matière atomique échappe donc à l'observation et on ne la conçoit que par les déductions logiques auxquelles donne lieu l'observation des lois de la nature. L'attraction univ rselleest une de ces lois : elle s'exerce sur tous les corps, depuis les plus considérables et les plus éloignés jusqu'aux infiniment petits et les plus rapprochés. Newton a ainsi donné la formule de cette loi : Les corps s'attirent en raison directe de leur masse et raison inverse du carré de leur distance.

Cette force d'attraction est nommée : attraction moléculaire quand elle exprime le lien qui unit les molécules d'un même corps; pesanteur quand elle retient les divers éléments d'un globe et les attire vers son centre; gravitation quand elle s'exerce entre les astres et règle l'équilibre de l'Univers.

L'atome

L'atome est l'infiniment petit, indivisible et indestructible, composé des molécules impondérables de l'éther. Nul microscope n'est assez puissant pour le découvrir. C'est l'élément simple et unique dont tous les corps sont formés; l'atome n'a pas de résistance, il entre en mouvement par suite des vibrations de l'éther, produites par le mouvement d'un corps quelconque. ce corps n'a fût-il lui-même qu'un atome. Un rayon de lumière suffit pour déterminer le mouvement de myriades d'atomes.

Les atomes se laissent absorber par une nébuleuse ou forment eux-mêmes, par leur combinaison, un noyau attractif qui devient un monde. Le soleil, la terre, comme le plus petit insecte et l'infime brin de mousse, ne sont que des agglomérations d'atomes ; les gaz les plus subtils en sont formés.

Mais l'atome, une fois combiné, ne cesse pas de se mouvoir ; seulement son mouvement propre s'est confondu dans le mouvement général du corps qu'il a contribué à former ; l'attraction moléculaire s'est transformée en loi de la pesanteur dans l'agglomération ; ce nouveau corps est pareillement absorbé par un monde et le mouvement de ces atomes condensés se transforme en gravitation. L'individu a disparu, la collectivité a pris sa place et l'entraîne dans son mouvement général.

L'éther

L'éther est la substance impalpable de l'infini, ce que nous appelons très improprement le vide. Le vide est l'absence de tout corps et de tout mouvement, il ne pourrait transmettre ni chaleur ni lumière ; c'est une pure conception de l'esprit, conception d'ailleurs irréalisable.

La nature a horreur du vide, disaient les anciens : la science prouve chaque jour la réalité de cet axiome. Lorsqu'on fait mouvoir une pompe pneumatique, on ne fait pas le vide, on retire simplement l'air ; l'éther prend sa place, et la preuve peut en être faite en faisant passer un courant électrique dans une cloche pneumatique. L'étincelle se produit, ce qui ne pourrait se faire dans le vide absolu.

L'éther n'a pas de poids ni de couleur, ni de saveur ; c'est un fluide insaisissable, invisible, impondérable et répandu partout. C'est lui qui unit les mondes, qui transmet la lumière, la chaleur, les effluves magnétiques encore si peu connues et si mal définies par la science ; c'est dans son sein que se forme l'électricité. C'est, en quelque sorte, l'atmosphère de l'univers.

Qu'est-ce qu'un monde ?

Un monde est une combinaison de corps unis par une

attraction assez puissante pour les maintenir ensemble malgré l'action des forces extérieures exercées par d'autres astres plus éloignés, et les faire graviter autour d'une étoile qui est le soleil de ce monde.

Tous les mondes ont le feu pour origine. Notre Soleil, encore à l'état pâteux, qui a été celui de la Terre et des autres planètes, se refroidi moins vite qu'elle, sa masse étant 330,800 fois plus grande. On croit généralement que tous les mondes ont passé par l'état de nébuleuses.

Les nébuleuses

On nomme nébuleuse une masse cosmique attirant les atomes et leur donnant le mouvement, de laquelle naissent les astres. Ces astres, dès l'abord, sont des *étoiles nébuleuses*, c'est-à-dire des étoiles touffues dont le noyau formera plustard un soleil. Leur mouvement de rotation détermine parfois des spirales, comme la nébuleuse de la constellation des Chiens de chasse, mais elles deviennent le plus souvent des anneaux cosmiques. Ces anneaux se condensent ensuite en planètes de différentes grandeurs, gravitant autour d'un axe commun.

Toutes les planètes de notre système solaire formaient à l'origine une étoile nébuleuse. (Nous devons ajouter, toutefois, que ce système, bien que le plus admissible, est quelque peu controversé). Les nébuleuses, comme tout dans l'univers, ont un mouvement de rotation sur elles-mêmes et sans doute aussi gravitent autour d'un centre commun dont nous parlerons plus loin.

Les étoiles

On nomme étoiles tous les astres, planètes et astéroïdes (corps lumineux errant à travers l'espace, sans vie propre, comme un fragment de planète organisée ou de mondes avortés). Les étoiles sont tous les points lumineux que l'on voit au ciel les nuits sans nuages et qui forment des constellations.

Les constellations

Une constellation est une série d'étoiles qui nous paraissent rassemblées à l'œil nu et que l'on a groupées sur les cartes célestes afin de pouvoir s'y reconnaître. Mais ces groupes sont tout à fait conventionnels.

En réalité, les astres qui les composent sont très distants les uns des autres, et telle étoile que nous croyons très grosse ne paraît ainsi que parce qu'elle est relativement proche de la terre, alors qu'une étoile qui nous semble infime, parce qu'elle est éloignée, est au contraire un soleil autour duquel gravitent de nombreuses planètes.

Les figures du ciel ne sont donc qu'apparentes ; le vrai système consiste en une multitude de soleils autour duquel tournent des astres plus petits, en décrivant un cercle régulier plus ou moins distants de l'axe central.

Ces soleils gravitent à leur tour dans un cercle dont le centre est peut-être occupé par un astre plus grand, et cet astre lui-même n'est pas le centre de l'univers. Notre soleil est emporté avec une rapidité de 16 kilomètres à la seconde vers l'étoile *Mu*, de la constellation d'Hercule, et cette étoile gravite elle-même au sein de l'immensité.

Les comètes

Une comète est un astre errant, soumis, comme les planètes, à des mouvements réguliers, mais tandis que les orbites des planètes sont presque circulaires, ceux des comètes forment une ellipse très allongée. Ces astres se meuvent dans toutes les directions ; ils sont formés d'un noyau brillant, entouré d'une espèce d'auréole et précédés ou suivis d'une traînée lumineuse à laquelle on donne le nom de queue. (Voir les traités de cosmographie).

Le soleil

Le soleil est un astre ; en ce qui nous concerne, celui qui nous éclaire. C'est, croit-on, une nébuleuse condensée, dont toute la chaleur provient du travail accompli par l'agglomération et le choc de ses molécules. C'est un des centres attractifs de l'univers, père des mondes qui gravitent autour de lui, réceptacle des atomes de l'étendue qu'il commande, principe de vie de tous ses enfants, c'est-à-dire des planètes qui en dépendent, qui ne vivent que par la chaleur qu'il leur communique et mourront refroidies avant que son rayonnement ait complètement disparu.

Les planètes

Les planètes sont des étoiles secondaires dont la grandeur varie considérablement. Elles ont un mouvement propre, mais elles sont retenues dans l'attraction solaire et gravitent autour du soleil, qui les retient dans son orbite tant qu'il ne s'affaiblit pas lui-même. Elles ne rayonnent pas, et leur apparente lumière n'est que la réfraction de celle du soleil.

Plusieurs planètes de notre système solaire semblent conformées comme la terre et doivent par conséquent contenir des végétaux ou animaux, les mêmes causes engendrant les mêmes effets, mais il va sans dire que nous ne pouvons prétendre qu'ils soient semblables aux nôtres.

Notre terre n'est qu'une planète plus ou moins développée, que nous considérons à première vue comme le centre du monde, mais qui, en réalité, n'en est qu'une infime partie, comme un grain de sable au bord de la mer. C'est un composé d'atomes innombrables, mais lui-même en paraît un en regard de l'immensité. Elle tourne elle-même et gravite autour du soleil avec une vitesse de 34 kilomètres à la seconde.

Les satellites

On appelle satellite un astre inférieur aux précédents, gravitant autour de certaines planètes, subordonnées à elles comme celles-ci le sont au soleil.

Notre planète n'a qu'un satellite : la lune. Son mouvement propre la tient éloignée de nous, mais la vie ne se manifeste pas à sa surface ou en a disparu. C'est un corps inerte et froid, sans atmosphère, et dont la clarté n'est que la réflection de la lumière solaire.

La lune tourne autour de la terre comme celle-ci
tourne autour du soleil qui, lui-même, se déplace autour d'un autre astre gravitant à son tour, à ce que
prétendent certains auteurs, autour d'un centre universel.

Le centre de l'Univers

Où est placé le centre de l'univers? Existe-t-il même?
On ne peut l'affirmer. En l'état actuel de nos connaissances, nous ne pouvons que formuler des hypothèses qui
resteront peut-être indéfiniment obscures. La vie d'un
homme est déjà insuffisante à observer le mouvement
du soleil, à plus forte raison celui d'une nébuleuse. Il
n'est donc pas facile d'assigner un centre à l'univers. Si
ce centre est magnétique et obscur, les sciences mathé-
matiques nous apprendront un jour la position qu'il
occupe exactement dans le ciel; s'il est lumineux, l'op-
tique finira peut-être par le découvrir; mais si les
mondes sont infinis et dépourvus de centre, des siècles
s'écouleront peut-être avant que l'on ait renoncé à
cette hypothèse, moins tenace pourtant que les anciens
dogmes religieux.

II. Digression sur les Religions

Avant d'aller plus avant, il importe de nous alléger
d'un préjugé qui pèserait peut-être trop lourdement
sur l'opinion du public à la lecture de ce qui va suivre.
Il n'y sera pas fait mention de Dieu, ce qui pourrait
étonner ceux que l'on a accoutumés à considérer l'univ-
vers comme l'œuvre de Dieu. Nous devons donc, une
fois pour toutes, dire pourquoi, — selon la réponse que
fit le savant Laplace à Napoléon Bonaparte — nous
n'avons pas eu besoin de recourir à cette hypothèse.

Dieu est un mythe

Dieu est un être chimérique créé par l'imagination de
l'homme afin d'expliquer d'un mot tout ce que la nature
avait de secret pour lui. Dieu est l'inconnu, l'x qui

masque un vide dans nos connaissances jusqu'à ce que la lacune soit comblée et le phénomène inexpliqué découvert.

Dieu n'existe pas: à moins que l'on ne comprenne sous ce nom le centre attractif inconnu dont nous venons de parler, et qui est resté jusqu'ici aussi problématique que le dieu des différentes mythologies. Or nous ne devons accepter sans réserve aucune théorie, quelqu'ingénieuse qu'elle soit, si elle n'est appuyée sur des preuves évidentes. Mieux vaut pour l'homme avouer l'imperfection actuelle de ses connaissances que d'imaginer des systèmes peut être consolateurs, mais que l'on arrache ensuite péniblement des cerveaux dès que la science en a démontré l'erreur. Notre but est de donner un résumé de nos connaissances et non de prétendre expliquer — comme le font certains savants — des phénomènes dont nous ne connaissons que trop imparfaitement les causes initiales.

Nous laisserons donc de côté les divers systèmes religieux et philosophiques pour ne nous occuper que de faits positifs et tombant sous nos sens.

Preuves de l'inexistence de Dieu

Nous nions l'existence de Dieu : parce que l'histoire de l'humanité nous montre que ce Dieu, bien loin de s'affirmer davantage à mesure que la science étend son domaine, devient au contraire de plus en plus vague et son séjour reculé au-delà de toute limite concevable. A l'aube des temps historiques, l'imagination enfantine des premiers groupements humains assigna à Dieu — ou plus exactement: aux dieux — le séjour des forêts, des sources, des grottes, des montagnes (*voir tous les traités de mythologie*); les forêts ayant été défrichées, les rivières franchies, les montagnes explorées et les grottes habitées, Dieu fut relégué aux cieux et le diable au centre de la terre.

Les dieux se multiplièrent à l'infini: chaque peuple, chaque cité, chaque tribu eut les siens; mais au-dessus de tous avait été placé l'astre-roi, le bienfaiteur mystérieux, le Soleil, ainsi que ce terrible épouvantail des peuples enfants : le tonnerre. Ce n'est que plus tard que l'insuffisance du langage ou l'orgueil de quelques peuplades déjà plus policées fit revêtir des formes humaines aux dieux-éléments. Bientôt la caste sacerdotale imagina, pour notre consolation et la satisfaction de notre amour-propre, une âme immortelle, issue de Dieu et créée par lui *à son image,* ce qui ne l'avantagerait pas toujours.

Mais lorsque l'on eut démontré l'inanité de la cosmogonie théologique ; que, — contrairement aux prétentions des oracles de toutes religions — la terre était ronde et non plane, que le ciel n'est pas une voûte, mais l'espace illimité, teinté par les couches atmosphériques, alors la foi fut ébranlée et Dieu ne tarda pas à être relégué, par les théologiens aux abois, au-delà des étoiles. Il ne fut plus seulement le créateur de la terre, il s'élargit à mesure qu'il devenait plus vague. Désormais, on adora en lui le protecteur de tous les mondes, bien que l'on ait continué à le représenter sous les traits d'un Juif issu d'une femme, faisant par là double emploi avec le soleil. Enfin Dieu fut confiné dans ce centre attractif ignoré, où l'ont relégué les poètes, les spiritualistes et tous ceux qui ne peuvent s'accoutumer à considérer un univers en république. L'état de nos connaissances n'est pas tel, en effet, qu'il ne laisse aucune place à l'imagination : il y a des lacunes, et il n'est pas surprenant que des hommes éprouvassent une satisfaction intime à vouloir les combler selon les conceptions plus ou moins fantaisistes de leur intellect. Ils profitent ainsi d'une équivoque pour se bercer d'une illusion ; mais les systèmes qu'ils échafaude n'ont aucune autre valeur que celle qu'ils se plaisent à leur attribuer et leur durée ne se prolonge guère au-delà du rêve qui les a enfantés. Bulles de savons qui crèvent au souffle de la raison. — Dans ces systèmes spiritualistes *in extremis* Dieu n'est plus ni bon ni méchant, ni animal ni homme : il est *esprit,* souffle, c'est-à-dire *rien,* qu'une fiction ; ou bien *matière* inanimée, *moteur* mécanique de tout le système, mais n'aay̌nt plus rien de semblable aux *Etres suprêmes* rêvés par les déistes à tout prix.

Qui a créé les Mondes?

Dans l'univers, rien ne se crée, rien ne se perd et tout se meut et se transforme. Les lois qui le régissent ne peuvent être que le résultat d'un accord très naturel sans lequel les soleils eux-mêmes ne trouveraient pas leur place. Le chaos ne peut être perpétuel : les éléments gênants sont évincés et périssent, c'est-à-dire sont absorbés et transformés; les atomes s'attirent entre eux, se combinent plus ou moins étroitement et se désagrègent sans cesse, jusqu'à ce qu'ils aient adopté une formation définitive. Nous vivons sur une planète dont l'organisation nous semble harmonique et nous étonne, mais il est impossible qu'il en soit autrement, car notre nature si frêle ne pourrait s'accommoder d'un bouleversement perpétuel et nous n'existerions pas.

Il en est de même du système solaire, de même des nébuleuses et des atomes eux-mêmes.

Mais, objecte-t-on, ces atomes dont la combinaison forme les mondes, n'ont-ils pu être créés par Dieu ?

Qui peut affirmer cela? Personne. En matière scientifique, le rêve ne remplace pas la démonstration. Si Dieu a pu créer l'atome, il a pu créer les mondes de toutes pièces : s'il ne l'a fait, pourquoi leur permet-il de se perfectionner sans son autorisation ; s'il l'a voulu ainsi, c'est donc qu'il n'est pas logique !

L'éducation religieuse a pesé sur nous d'un tel poids que nous voulons voir Dieu quand même dans la création, même réduite à l'atome. Nous admettons que nous-mêmes ne sommes qu'une aglomération d'atomes combinés, « tu es poussière et tu retourneras en poussière », mais nous voulons que Dieu ait créé cette poussière. Pourquoi? Parce que cette explication tranche d'un mot une question embarrassante. Nous sommes dans la situation d'un enfant dont les parents seraient morts et qui grandirait seul : il ne pourrait se rendre compte de la manière dont il est venu au monde, et il resterait dans cette sainte ignorance tant qu'il n'assisterait pas lui-même à un accouchement qui lui donnerait la clé du mystère. Nous ne sommes guère plus avancés en ce qui concerne la cosmogonie poussée à cette limite : la création de l'atome. Et il est loyal de le reconnaître.

Mais en admettant même un Dieu limité, qui n'a pu créer que les atomes, sans se préoccuper plus que cela de ce qu'ils deviendraient, chaos ou système organisé, ce serait le mettre dans une singulière posture et ne résoudrait en rien le problème. Il resterait à démontrer comment Dieu s'est formé et pourquoi il s'est formé, ce qui serait autrement difficile que d'expliquer la création de l'homme, des animaux des plantes et de la terre, et nous ferait infailliblement tomber dans l'absurde où se sont complues toutes les religions.

Répétons-le, Dieu n'est qu'une fiction, la matière seule existe, et ses transformations infinies s'expliquent par l'instabilité de toutes choses, depuis le soleil qui se déplace et se déforme, jusqu'à l'atome qui évolue avec une rapidité d'autant plus grande qu'il est plus petit et que rien ne le retient dans l'éther. Et ce que l'on nomme l'âme n'est pas autre chose que l'intelligence de l'homme, fruit du temps et du travail des générations L'homme n'est pas l'émanation d'un Dieu, mais au contraire, c'est l'homme qui a créé Dieu.

Pourquoi on a créé Dieu

Dès que l'intelligence de l'homme s'est développée, le pourquoi des choses s'est imposé à son esprit. Il a eu *besoin de savoir*, et ce en vertu des mêmes lois qui poussent toutes choses à évoluer vers une amélioration, un mieux-être : son cerveau ne fait pas exception, il ne peut rester inactif. Mais ses connaissances trop élémentaires ne lui permirent pas de pénétrer les secrets de la nature ; son impuissance lui fit alors considérer les éléments qu'il redoutait comme supérieurs à lui, et il les reconnut pour dieux.

Son langage (qui n'est que l'expression de la pensée),

étant limité à l'égal de ses connaissances, les mêmes mots servirent souvent à désigner un animal et une étoile, et par conséquent un dieu, ce qui fit que, chez plusieurs peuples, sinon dans tous, l'on prit bientôt à la lettre ce qui n'était qu'un terme de convention, et on se mit à adorer des animaux ou des matières inertes.

Les premiers savants furent donc fatalement les premiers prêtres, et comme ils étaient les plus intelligents et les plus faibles (le cerveau se développant aux dépens des muscles), ils créèrent, pour leur sauvegarde, une caste sacerdotale, encouragèrent les superstitions enfantées par l'imagination craintive d'une humanité dans l'enfance, et s'entourèrent de mystère : d'abord pour en imposer aux guerriers brutaux, puis, — par une déviation inévitable et fort naturelle, étant données les circonstances, — pour dominer leurs semblables.

Parmi ces prêtres, des philosophes et des moralistes se firent remarquer plus particulièrement. Instruits autant qu'il était possible de l'être à leur époque, ils envisagèrent la meilleure méthode à suivre pour développer chez les hommes le respect et l'amour de leurs semblables, en un mot, pour les rendre sociables et meilleurs. Par leur science, leur influence et souvent aussi par leur imposture, ces novateurs imposèrent leurs doctrines à leurs collègues ou créèrent des religions de toutes pièces, en adoptant toutefois les légendes et les superstitions en cours, car il y avait danger à heurter de front les croyances des peuples barbares. Plus heureux et surtout plus habiles que d'autres philosophes dédaigneux de la fable et souvent persécutés, ils surent envelopper leurs doctrines des croyances en faveur près du peuple, et devinrent ainsi fondateurs de religions, et par là même législateurs de leurs contemporains.

Et, chose remarquable, leurs préceptes sont presque partout les mêmes, d'un antipode à l'autre : seules les règles d'ordre secondaire, telles que celles concernant l'hygiène et la famille, diffèrent selon les milieux, tant il est vrai que la morale est *une* et ne saurait être l'apanage d'un culte quelconque. Sur quelque point de l'univers que l'on se trouve, les mêmes causes produisent toujours les mêmes effets.

La morale est indépendante des religions

Contrairement aux prétentions des déistes, les religions n'ont pas engendré la morale. Créées d'abord par la terreur des éléments, elles ont servi d'asile à un peu de science et de réceptacle à toutes les superstitions. Les peuples les plus sauvages et n'ayant aucune notion de morale, n'en ont pas moins des religions. Ce n'est que par la suite des temps que les principes d'humanité et de fraternité se sont imposés aux hommes, et que la morale entra dans le dogme par la force des choses et quelquefois par la violence.

Les religions avaient donc leur raison d'être, leur utilité et leur excuse dans les temps reculés et barbares; mais à notre époque, où les phénomènes de la Nature sont mieux connus, sinon expliqués, où la Morale se dégage d'elle-même, et impérieusement, des droits et devoirs de l'homme civilisé, les explications voilées des religions n'ont plus leur raison d'être et ne sont plus qu'un obstacle à la marche du Progrès.

La Nature

La nature est l'essence des êtres et des choses, leur condition d'existence. C'est l'ordre dans lequel nous vivons et sans lequel rien ne peut exister. Ce qui est contraire à la nature, c'est-à-dire à notre condition d'être et à nos aspirations, nous choque et nous contrarie, c'est pourquoi ce mot est fréquemment employé pour expliquer les causes des phénomènes de l'univers et de tout ce qui se fait sans le concours de l'homme. C'est l'opposé de l'artificiel et du conventionnel.

Tout ce qui va à l'encontre de la nature périclite et disparaît. On peut atténuer ses manifestations en ce qu'elles ont de néfaste pour l'homme et ses créations, mais on ne peut l'annihiler ni la remplacer. Faire servir la nature au bien des hommes et remédier aux maux qu'elle leur fait endurer, tel doit être précisément le but de la civilisation. C'est cette canalisation de la nature, c'est-à-dire des éléments organiques de notre globe (physique, chimie, médecine, mécanique, etc.) qui a créé la supériorité de l'homme sur les autres êtres; qui étend chaque jour son domaine et le rendra bientôt maître absolu de la planète qu'il habite, de toute la terre.

Embryons comparés

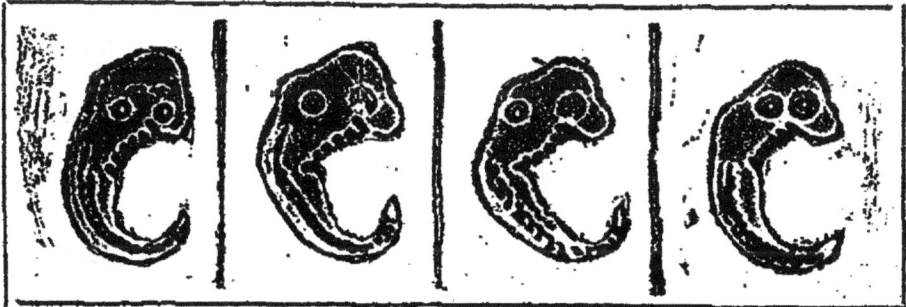

| Embryon humain | Poulet | Tortue | Poisson |

III. La Terre

Formation des Mondes

Les astres, les planètes, les mondes enfin, naissent, vivent et meurent comme nous, ou plutôt se désagrègent et se refroidissent, car le mot mourir est impropre, du moins dans le sens que nous lui attribuons vulgairement. En ce qui concerne les planètes — les mieux connues des étoiles — voici, selon toutes probabilités, comment cela se passe, bien que, nous l'avons dit, cette hypothèse soit contestée : A l'état d'étoile nébuleuse, l'astre prédominant, le futur soleil, absorbe les atomes, libres ou émanant d'astres éteints ou morts — comme on voudra, — il leur donne le mouvement et par conséquent la chaleur, les résout en atomes fluides, en gaz, pour nous servir d'un terme plus compréhensible, il en forme la *poussière cosmique* et les conserve dans son orbite, ce qui le rend précisément *nébuleux*. Exemple : la nébuleuse d'Orion. Puis cet astre central, trop chargé par ces masses fluides et gêné dans son mouvement, se sépare d'elles, les rejette et se concentre, donnant ainsi naissance à un ou plusieurs anneaux nébuleux, lesquels gravitent pendant un temps considérable dans un rayon plus ou moins rapproché du soleil, centre de l'anneau qui subit toujours son influence. Tel est l'aspect actuel de la nébuleuse du Lion.

A leur tour, les éléments de cet anneau se concentrent sur l'un des points du cercle nébuleux, réduisant considérablement leur volume et faisant ainsi un vide de plus en plus grand entre eux et le soleil ou les planètes déjà formées. L'anneau n'existe plus, puisque ses éléments forment à présent une sphère encore volumineuse et irrégulière, mais qui est pourtant, de ce moment, la planète elle-même ; sous cette forme, elle continuera pour son propre compte le mouvement que la masse nébuleuse opérait autour du soleil.

Mais les atomes, d'abord très élastiques, qui le composent, deviennent de plus en plus denses. Les plus lourds

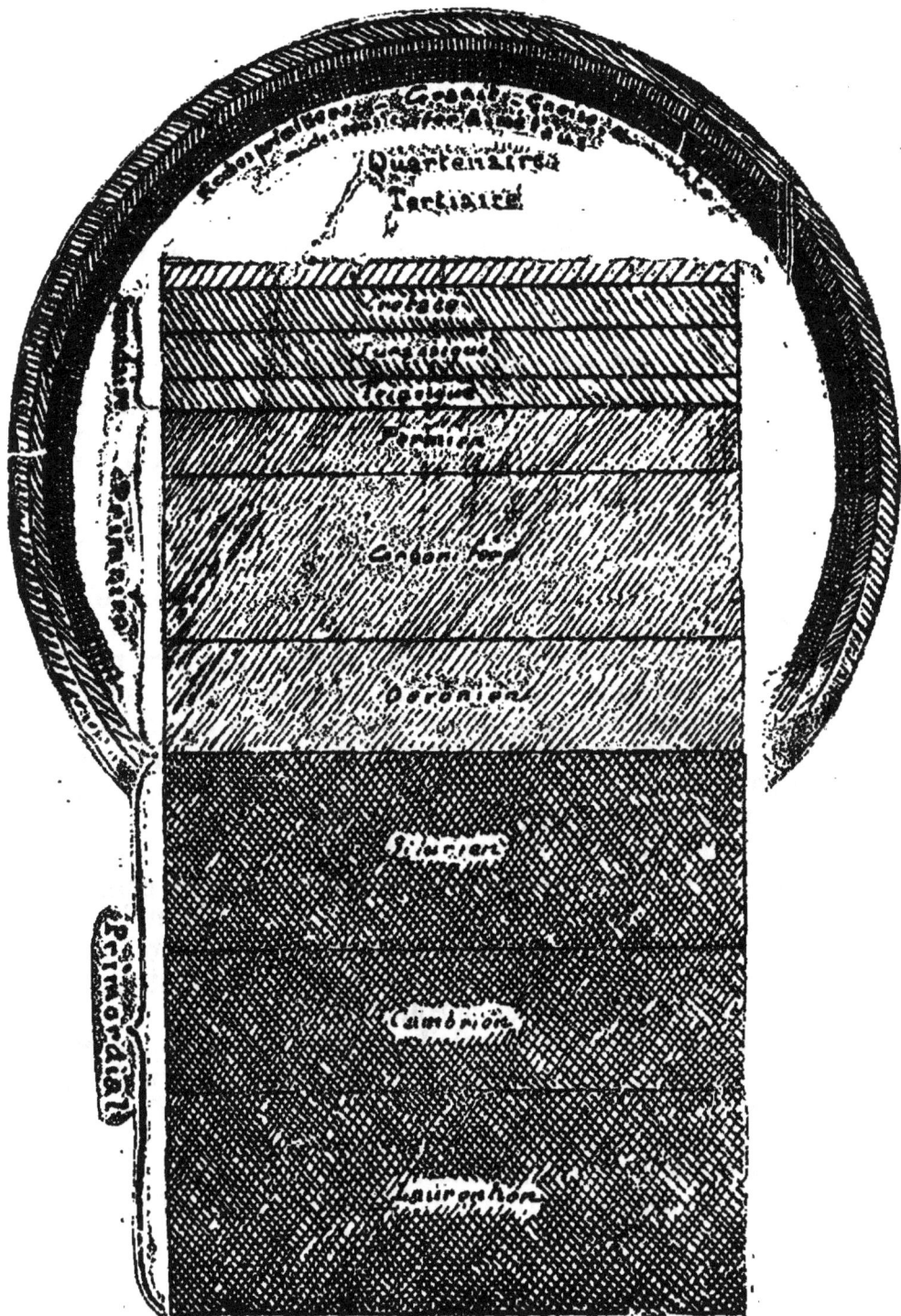

Premiers terrains déposés sur le globe minéral primitif après son refroidissement
Laurentien (le plus ancien), Cumbrien et Silurien

Épaisseur comparative des couches géologiques

se précipitent au centre et forment le noyau de la planète ; d'autres se liquéfient, et enfin les plus légers et les plus subtils formeront plus tard l'atmosphère, hormis le cas où un cataclysme entraverait le développement du nouveau monde, ce qui n'a pas été le cas pour notre globe. Enfin, sous l'influence de certaines circonstances d'ordre physique, chaleur et mouvement, les éléments divers se combinent entre eux, et la végétation, la vie apparaissent sur ce nouveau monde, de la manière que nous expliquerons plus loin.

Désagrégation des Mondes

La terre, par son mouvement de rotation autour du soleil, tend de plus en plus à s'en éloigner, mais elle est retenue dans son orbite par l'attraction solaire. Le soleil, par la suite des temps, perdra de son rayonnement et par conséquent de son attraction. La terre, moins retenue, s'en éloignera de plus en plus et se refroidira elle-même, son foyer de chaleur étant plus éloigné et moins ardent.

Son mouvement se ralentira et la vie disparaîtra peu à peu de sa surface. Puis lorsque le soleil aura perdu toute influence sur elle, notre planète sera décidément morte, elle n'aura plus d'attraction sur les éléments qui l'environnent et n'aura plus de poids (chacun sait que le poids n'est que le résultat de l'attraction du centre de la terre). Elle subira l'influence des autres mondes et pourra les rencontrer en se précipitant comme les météores qui sillonnent parfois le ciel. Et le moindre choc la brisera, séparera et projettera ses matériaux ainsiqu'on en voit tomber de temps à autre. C'est ce que nous nommons bolides et aérolithes.

Il en est de même des soleils, qui s'éteignent, se refroidissent, errent à travers l'immensité en vertu de la loi de gravitation universelle, pendant que d'autres centres d'attraction se développent et donnent, à leur tour, la vie à d'autres mondes.

Mais cette désagrégation n'est pas une destruction : les atomes subsistent. En dépit des apparences, le feu lui-même ne détruit pas ce qu'il consume, il dissout et désagrège, voilà sa fonction. Il n'est en somme que l'expression de la chaleur poussée à l'extrême. Sous son action les éléments combinés reprennent leur forme primitive. Ainsi le bois se décompose en gaz oxygène, hydrogène, acide carbonique, et ne laisse comme résidu qu'un peu de matière minérale (cendres) qui peut encore se réduire à une proportion infinitésimale sous l'action d'un feu plus violent ou d'acides. D'où l'on peut conclure que le bois n'existe plus, mais que ses éléments sont dégagés et entreront en combinaison avec d'autres substances. Agglomération, condensation, développement, dislocation équivalent pour nous à : naissance, vie et mort. Telles sont les lois de la Nature.

Formation de la Terre

La terre s'est formée de la façon que nous avons décrite. A son origine, elle occupait un espace que l'on évalue à 1.900 fois son volume actuel. Ainsi que nous venons de l'expliquer, elle ne formait qu'une immense sphère vague et incandescente. Par suite de son éloignement insensible du soleil et de son isolement dans l'éther, son mouvement doit se ralentir et sa chaleur diminue. Les gaz se condensèrent, les matières lourdes se précipitèrent vers le centre de la sphère (jusqu'alors irrégulière en vertu de l'élasticité de ses éléments), s'y maintinrent en fusion, à l'état de scories, et leur superficie forma la croûte terrestre, telle que nous la retrouvons au centre de la terre. Le refroidissement, par suite de cet obstacle à l'action du feu, s'accentuant de plus en plus, cette croûte ignée (qui dépend du feu), corrodée, vitrifiée, métallisée ou réduite à l'état de pierre ponce et de cendre, enserra le feu central de toutes parts, favorisant ainsi, par son interposition entre le feu et les matières gazeuses en suspens, la résolution des vapeurs en liquides.

Formation de l'eau

C'est ainsi que s'est formée l'eau, qui n'est autre

chose que la combinaison des gaz oxygène et hydrogène. Les vapeurs se condensèrent en pluie et inondèrent la croûte terrestre qui, subitement refroidie, se crevassa, se bouleversa, évaporant aussitôt l'eau qui ne tardait pas à retomber et s'évaporer sans cesse, occasionnant de gigantesques bouleversements à chaque inondation. Ces alternatives de chaud et de froid déterminèrent la formation de combinaisons chimiques qui constituèrent la plupart, sinon la totalité des minéraux et créèrent la vie végétale et animale, celle-là d'autant plus rapide que la chaleur, corolaire du mouvement et principe de vie, était plus intense.

Le feu central existe encore

Le feu central existe toujours; il était encore redoutable au début même de la période historique (début très rapproché de notre temps, si on le compare à l'antiquité de la terre), mais à présent il est presque inoffensif. Il existe à l'état de scorie, de charbon incandescent, et ne forme flamme nécessairement qu'au contact de l'air. C'est lui qui occasionne les tremblements de terre et les éruptions des volcans; par ses soubresauts, le feu central crève parfois l'écorce qui l'enserre, se fait un passage et chasse de bas en haut, directement ou d'une façon oblique, les métaux, les basaltes, les cristaux, qui forment ainsi des filons. C'est la manifestation de ce feu intérieur qui a donné naissance à la croyance de l'enfer.

L'écorce terrestre

La surface de la terre n'est pas la croûte primitive. Par suite du refroidissement incessant de notre globe, les matières les plus lourdes, entraînées d'ailleurs par des pluies continuelles, se condensèrent et ajoutèrent successivement à la croûte terrestre. Toutes les matières ne se précipitèrent pas dans le même temps; cela se fit insensiblement et sans relâche; malgré cette progression ininterrompue, on distingue cependant différentes couches de terrains, correspondant à des époques pendant lesquelles diverses matières dominèrent de préférence. Pour faciliter leurs travaux, les géologues ont divisé ces terrains en trois grandes divisions (époques) subdivisées elles-mêmes en plusieurs périodes. Cette clasification, on le conçoit, est quelque peu arbitraire, car généralement les terrains passent d'une période à l'autre d'une façon insensible, mais elle est nécessaire pour faciliter l'étude de la géologie. Nous parlerons plus loin de cette classification.

La première écorce du globe est composée de roches basaltiques, de métaux, de cristaux, d'agathes, de granit, de matières vitreuses et poreuses, formés sous l'action du feu et ne contenant aucun mélange, aucune trace de végétation, ce qui vient à l'appui de l'explication que nous donnons plus loin sur l'origine de la vie animale et de la végétation.

Cette croûte n'est pas, comme on pourrait le croire, de dimensions restreintes, ce que le noyau est au fruit. Il s'en faut de beaucoup ; malgré ses trois (quatre selon d'autres) époques géologiques, la terre superposée est à notre sphère ce que l'écorce est à l'orange : 24.700 mètres environ sur 12.700.000 mètres de diamètre. Le reste est composé de roches ignifères.

Malgré le peu d'épaisseur relative des couches géologique, il serait puéril de contester la grande ancienneté de la terre. Pour former une couche de houille d'une centaine de mètres d'épaisseur, il a fallu des milliers d'années. Or les couches superposées des terrains houillers forment ensemble une profondeur de 3.000 mètres. On peut juger par là de l'ancienneté de la vie sur le globe, surtout si l'on considère que la période carbonifère avait été elle-même précédée, depuis le refroidissement de la terre et de la formation de l'eau, d'une période d'incubation naturellement très lente. Et cependant, la terre semble jeune à côté de quelques planètes plus éloignées du soleil. D'ailleurs nous devons reconnaître, en ce qui concerne soit l'étude de l'univers, soit la géologie même, que la notion du temps et des distances se perd lorsque l'on doit tabler (surtout en cosmogonie), sur des millions d'années et de lieues.

Divisions géologiques

Le globe terrestre est constitué par une masse centrale en fusion et par une écorce solide que l'on divise en plusieurs couches ou terrains : les terrains plutoniens, primaires, secondaires, tertiaires et quaternaires, ces deux derniers ne formant en réalité qu'une seule division.

Tous ces terrains ne sont pas superposés régulièrement les uns sur les autres : Dans les régions montagneuses, par exemple, on en retrouve de toutes les époques à fleur de terre. Cela tient aux soulèvements de la croûte primitive sous l'action du feu, soulèvements qui ont créé le système orographique de la terre. Les eaux également, en entraînant les terres, mettent à nu les roches primitives (que l'on nomme aussi terrains plutoniens) et forment dans les plaines les *alluvions*.

Les terrains plutoniens sont composés de roches basaltiques, de granit, de porphyre, etc. Ils ne contiennent aucune trace de végétation en raison de la haute température à laquelle ces roches ont été formées.

Les terrains primaires se divisent en laurentien (12.000 m. d'épaisseur), cambrien, silurien, carbonifère, dévonien et permien (ensemble 25.000 mètres). Les dépôts de houille témoignent de la puissance de végétation de l'époque carbonifère, époque riche en carbone, cet aliment favori des plantes, alors que l'animal habitait encore exclusivement les eaux ; néanmoins c'est de cette époque que date l'apparition des vertébrés (labyrinthodon). Le permien contient des reptiles et se confond avec les terrains secondaires.

Les terrains secondaires (5.000 m. environ) sont divisés en : triasique, jurassique et crétacé. Ils sont surtout composés de matières calcaires : c'est l'époque des mollusques à coquilles, des poissons vertébrés, des reptiles et des oiseaux. Le ptérodactyle, oiseau-amphibie, a été retrouvé dans un bloc de craie. (Outre ces fossiles, la craie, on le sait, contient une infinité de petits coquillages visibles au microscope). Les reptiles de cette époque ont donné naissance aux oiseaux en même temps qu'aux mammifères.

Les tertiaires (1 000 m. environ) ont vu se développer le règne animal dans toute sa splendeur. Les gigantesques animaux fossiles découverts dans ses couches forment avec notre faune actuelle une chaîne ininterrompue. La gradation des êtres apparaît moins évidente entre les animaux trouvés entre les couches plus profondes en raison de la difficulté beaucoup plus grande des recherches : Elle n'en a pas moins été démontrée. C'est de cette époque que date la séparation insensible de l'espèce humaine du reste de l'animalité. Ainsi les animaux de la période jurassique ou crétacée purent assister sans effroi au développement de cet animal chétif, mais apte à tous les milieux, qui devait être l'HOMME. — On divise les terrains tertiaires en éocènes, miocènes, pliocènes ; on peut aussi y comprendre ceux de la période quaternaire et même de la période moderne (ensemble 200 m.), car rien, si ce n'est la terre d'alluvion, ne les distingue du tertiaire.

Les terrains quaternaires, qui ont vu naître l'industrie de l'homme et les prémisses de sa suprématie, sont divisés en âges, suivant les diverses transformations de la nature à cette époque, et caractérisés par la prédominance d'un animal. On comprend ainsi l'âge du renne, de l'ours, du mammouth ; puis par l'industrie naissante: pierre taillée, pierre polie, bronze, fer. La période quaternaire a préludé ainsi aux temps historiques. L'âge de la pierre, que l'on place à juste titre dans les temps quaternaires, nous fait assister à l'aurore de la civilisation, c'est-à-dire à l'âge moderne, en même temps qu'elle nous témoigne des luttes continuelles et des efforts sans nombre qu'ont dû soutenir nos ancêtres velus et sauvages pour arriver à leur émancipation. Ces luttes sont connues par la voie des traditions antiques et sont attestées par les découvertes de la paléontologie.

La paléontologie

On nomme ainsi la science qui a trait à l'étude des fossiles. Ces fossiles, muets témoins des premiers âges, nous permettent de reconstituer les scènes de la vie à ces époques et nous laissent entrevoir la généalogie des espèces et leur filiation, depuis l'être le plus simple jusqu'à l'être le plus complexe, à l'homme. C'est par eux que le secret de la création a été arraché à la nature, ce sont eux qui démontrent la vérité entrevue dès les temps les plus reculés par les premiers philosophes de l'antiquité. Ces fossiles, anneaux ressuscités de la chaîne des êtres, nous en montreraient l'absolue continuité, s'il nous était possible de les exhumer tous, depuis l'apparition de la vie jusqu'à nos jours.

Le calcaire nous en a conservé un grand nombre. Par contre, ce sont les terrains houillers qui recèlent le plus de végétaux fossiles.

Dans les terrains primitifs, on ne retrouve pas de débris d'animaux, sauf peut-être des protozoaires, mais en remontant des profondeurs de la terre, on rencontre des types de plus en plus perfectionnés, non pas toujours infimes — la simplification n'entraînant pas forcément l'idée de petitesse — mais souvent très grands, en raison de la chaleur intense qui favorisait leur développement. Les plantes, simples, — fougères ou conifères — étaient gigantesques, les animaux, poissons, reptiles, amphibies, oiseaux, mammifères étaient monstrueux, mais leur organisme était d'autant plus rudimentaire qu'ils étaient plus rapprochés de l'origine.

Voyons maintenant ce qu'a été cette origine.

Arbre généalogique de la vie animale (d'après Flammarion)

VERTÉBRÉS MAMMIFÈRES

VERTÉBRÉS

INVERTÉBRÉS

PROTOZOAIRES

PRIMATES

SINGES

ORANG

GIBBON

ANTHROPOIDES

CHIROPTÈRES

DRYOPITHECUS

RONGEURS

CARNASSIERS

UNGULÉS

MASTODON

SARCOBOTES

PROSIMIENS

MARSUPIAUX

ORNITHOSTOMA

PRONAMMIFÈRES

ÉDENTÉS

OISEAUX

PROTOPTÈRES

REPTILES

TORTUES

GANOÏDES

AMPHIBIENS

CROCODILES

LÉZARDS

DIPNEUSTES

PTÉRODACTYLES

SERPENTS

POISSONS

CYCLOSTOMA

AMPHIOXUS

CRUSTACÉS

INSECTES

SANGSUE

ASCIDIES

MOLLUSQUES

ARTHROPODES

CHORDONIA

SALPAS

ÉCHINODERMES

TURBATA

MOLLUSQUES

ANNELIDES

SCOLECIDA

VERS

ARCHELMINTHES

ZOOPHYTES

MÉDUSES

POLYPES

GASTRÉADES

PLANÉADES

OVULAIRES

INFUSOIRES

SYNAMIBES

AMIBES

MONÈRES

PROTOPLASMA

IV. La Vie animale

(Zoogenèse)

Apparition de la vie sur le globe

On a vu que l'éther est peuplé d'atomes sans cesse en mouvement, qui se repoussent ou s'attirent plus ou moins étroitement, selon leurs affinités. Leur agglomération forme, en dernière analyse, tous les astres. Ces atomes combinés perdent peu à peu leur mouvement de rotation propre et la matière qui résulte de leur réunion substitue son mouvement autochtone au tourbillon chaotique que la poussière cosmique exécutait auparavant. A son tour, cette matière repousse, attire et se meut : c'est un astre qui donnera également le mouvement et la vie à une planète ainsi que nous l'avons expliqué plus haut. La terre est donc composée d'atomes, voilà qui est admis. Mais à présent que la terre est achevée, les atomes restés libres et fluides vont-ils, en se condensant, s'accumuler les uns sur les autres inertes et immuables? Non sans doute.

Déjà une partie d'entre eux forment l'eau, élément mobile et dilatable à l'infini. Or l'eau n'est pas un élément pur, c'est-à-dire considéré comme indissoluble par la chimie; bien au contraire, c'est un composé d'hydrogène et d'oxygène qui contient en dissolution une grande quantité de matières minérales et gazeuses. L'air également est un composé chimique (oxygène, azote, acide carbonique) et contient une infinité de matières en suspension.

Ces deux combinaisons, l'eau et l'air, vont-elles être les seules? Sous l'action continue et parfois brusque de la chaleur, de l'évaporation et de la condensation, les molécules plus solides et plus résistantes à la chaleur ne vont-elles pas finir par se concentrer elles-mêmes, se déposer en limon au fond attiédi de l'eau et vivre de leur vie propre? Ces éléments, condensés sous cette nouvelle forme et rendus ainsi moins fluides, ne vont-ils pas concentrer leur mouvement en eux-mêmes, absorber d'autres éléments, se les assimiler et se développer enfin en expansions gélatineuses au milieu de l'élément ambiant, de l'eau qui les a formés ?

Ainsi posée, la question devient claire; quiconque, en effet, admet la formation des mondes par l'association des atomes — et il n'est plus guère possible de nier cette origine — comprendra sans peine celte transformation du mouvement au milieu d'un fluide composé d'eau et d'air. Or cette transformation du mouvement de rotation en mouvement d'expansion, c'est la Vie.

Le protoplasma

Les animaux ni les plantes n'ont été formés de toutes pièces. Ils ont marché du simple au composé, comme toutes choses, d'ailleurs. La formation la plus simple est naturellement celle qui se distingue le moins du premier élément paru à la surface du monde, c'est-à-dire, en l'espèce, de l'eau. Le premier être animé fut donc une substance molle, incolore, gélatineuse, comparable au blanc d'œuf ou à l'albumine qui entoure les œufs de grenouille. Cette substance est à l'être ce que les nébuleuses sont aux mondes. On la nomme protoplasma, et c'est d'elle que sont nés les plantes et les animaux.

Le protoplasma a été analysé par les savants; ils en ont découvert la composition chimique, non point d'une façon exacte, mais du moins approximative : C'est une combinaison de carbone, d'azote, d'hydrogène et d'oxygène, qui s'adjoint, suivant les cas, quelques sels minéraux.

Du protoplasma naquirent les *monériens* (êtres simples, unicellulaires) ou *monades*, dont on retrouve encore des échantillons au fond de l'océan. Il n'y a chez eux aucun organisme et le protoplasma pur et simple fait tous les frais de leur structure. Ces êtres simples, gélatineux, essentiellement mobiles, impressionnables et modifiables, prirent des formes diverses et se développèrent suivant les milieux et les circonstances. Ils absorbèrent des substances minérales qu'ils ne pouvaient d'ailleurs repousser, se laissèrent traverser par elles et s'en

approprièrent quelques parties. C'est ainsi que se constituèrent les coquillages des mollusques, les carapaces
des crustacés, les fibres résistantes des végétaux, etc.
C'est également de cette manière que se formèrent les
tiges des plantes marines, des fucus, des algues et aussi
les branches des polypiers et les zoophytes de toutes
espèces. A l'aurore de la vie, la lutte pour l'existence
s'affirmait déjà par l'adaptation des matières minérales,
qui rentrèrent ainsi dans la composition des êtres.

La vie, disons-nous, c'est la transformation du mouvement ; tout ce qui ne se meut, meurt, tout ce qui ne
progresse pas périclite, mais rien ne stationne jamais.
La tendance de l'être simple vers la perfection est
donc une loi fatale et inhérente à la vie elle-même. Cette
loi trouve sa confirmation dans la paléontologie et s'applique aux végétaux comme aux animaux.

Antériorité supposée de la végétation

On a souvent dit que la végétation avait précédé
l'animalité : il n'en est rien. Les deux règnes, animal
et végétal, sont deux rameaux de la même souche. Si
une mollécule de protoplasma est ballottée par l'élément
ambiant (l'eau ou l'air) elle prend sa nourriture dans
ce milieu fluctuant et devient animal ; si, au contraire,
le protoplasma est stationnaire et se dépose en sédiment
au fond de l'eau, il puise sa nourriture dans les minéraux sur lesquels il est fixé ; dans le premier cas il
s'épanche en cils mobiles qui sont des embryons de
membranes ; dans le second ces cils deviennent racines,
et les deux règnes se séparent.

Pendant la période houillère, riche en acide carbonique, les végétaux (très rudimentaires) prirent un
développement inouï, et les animaux, très simples
également, semblent n'avoir progressé que très lentement : mais cette période terminée, le règne animal
trouvant l'atmosphère dégagé de l'acide carbonique qui
faisait obstacle à son développement, ne tarda pas à
essayer de s'affranchir de l'océan : il devint amphibie
dans une partie de ses espèces, et produisit alors des

monstres comparables aux géants qu'avait produits la période houillère dans l'ordre végétal.

L'origine des deux règnes est donc commune, et l'éophyton (première plante) ne devait guère différer de l'éozoon (premier animal) ou monade, tous deux issus du protoplasma.

Lien de parenté entre tous les animaux

Les monères, découvertes par Hœckel, marquent l'origine des animaux, et leur lien de parenté commun à tous.

Ce lien est très prononcé entre diverses espèces de la même famille, la même structure anatomique se retrouve chez tous les animaux d'un même ordre; entre espèces d'ordres différents, ce lien de parenté est très affaibli en raison de la progression différente chez ces espèces, mais l'embryon reste sensiblement le même. Ainsi l'œuf humain est semblable, au point de vue de ses éléments constitutifs, à celui des ovipares et de tous les autres animaux. Ses transformations s'accomplissent, comme chez tous les vivipares, dans le sein de la mère. A l'état embryonnaire tous les êtres sont donc identiques: ils débutent par la cellule et celle-ci se modifie suivant les espèces. La substance amorphe (c'est-à-dire la composition des mollécules d'un corps quel qu'il soit) est la même, il n'y a entre les animaux qu'une différence semblable à celle qui existe entre diverses statues de marbre : la forme diffère, mais les matériaux sont les mêmes.

Evolution de l'être animé depuis son apparition

Le protoplasma, matière animée sans organe, procrée la monade où monère, l'être le plus simple et le plus petit de tous. Ces monères se reproduisent par segments ; elles se sectionnent et chaque tronçon devient un animal complet; les plus simples de ces animaux ne constituent même pas une cellule : ils sont formés d'une masse homogène de protoplasma. Elles ont été définies ainsi par le savant Hæckel, le plus illustre disciple de

Darwin. Les protozoaires primitifs sont composés d'une substance amorphe (protoplasma) et d'une membrane d'enveloppe ; cet être déjà plus parfait, moins primitif, est formé d'une cellule unique au centre de laquelle se trouve le nucléole ou noyau. Tous les embryons et tous les œufs sont composés de la même façon, quels que soient les être animés qu'ils contiennent en incubation : homme ou animal inférieur.

Les monériens, par leurs transformations, engendrent tous les protozoaires. Tels sont : les *sarcodes*, qui se meuvent en se déformant du côté où ils veulent aller ; les *foraminifères*, composés de protoplasma renfermé dans une coquille percée de trous par lesquels l'animal s'épanche à la façon des cornes d'escargots.

Tels sont encore les *infusoires*, qui se meuvent à l'aide de prolongements mobiles, ou cils vibratiles, disposés de manières diverses et servant à la locomotion et à la nutrition. Les infusoires ont déjà un organe : c'est un canal très court par lequel les aliments passent dans la partie centrale fluide du protoplasma, digérés et rejetés par une ouverture spéciale plus ou moins voisine de la bouche.

Il existe une foule de variétés de ces protozoaires, et les naturalistes sont loin de les avoir toutes enregistrées.

Puis viennent dans l'échelle des êtres : les *zoophytes*, qui se reproduisent par bourgeonnement, les *spongiaires*, les *polypes*, etc. ; les *articulés* (insectes, crustacés), les *mollusques*, qui nous paraissent informes et qui sont déjà perfectionnés en comparaison des monériens, et les *vertébrés*. Ces derniers sont divisés en poissons, reptiles (le passage entre ces deux ordres est rendu compréhensible par l'exemple des transformations de la grenouille), oiseaux et mammifères.

La théorie des révolutions

Un mot sur cette théorie.

Certains savants ont cru à une série de révolutions

dans la vie des espèces comme dans l'ordre géologique. Pour nous, ces révolutions ne sont qu'apparentes.

Sans doute, il y a eu des évolutions rapides concernant plutôt une espèce que la généralité des êtres, mais il n'y a pas eu de révolution au sens absolu du mot et les transformations des espèces elles-mêmes n'ont pas eu l'intensité que quelques-uns leur ont attribuée. Évidemment, à l'époque des soulèvements géologiques, plusieurs espèces ont disparu. Quelques autres, obligées de s'adapter à de nouveaux milieux sous peine de disparition complète, ont dû modifier leur organisme et ont pu ainsi franchir rapidement un échelon dans la perfection des êtres. Mais il ne faut pas trop faire fonds sur cette explication, car les cataclysmes géologiques ont été plutôt nuisibles qu'utiles au développement de la vie. Insensiblement, mais sans arrêt, la sélection naturelle s'opérait chez les espèces, s'assimilait ou éliminait d'autres matériaux, sans secousse et d'un travail continu. L'idée de révolution peut être conservée, mais réduite à l'idée d'expansion, de longue main préparée, d'éléments prépondérants qui, peu à peu, envahissent le système dans lequel ils se sont développés et dont ils changent l'aspect. Là se borne la brusquerie des transformations naturelles.

Il en est de même de la théorie de la génération spontanée.

La génération spontanée

La génération spontanée est un mythe, une fable. L'origine de la monade est logique. La génération peut apparaître à nos yeux brusquement, mais il n'en est pas moins vrai que les éléments qui constituent l'animalcule qui se montre subitement à nous, étaient en travail, mais se dérobaient à notre vue limitée. Ils nous apparaissent, en somme, comme le poulet quand il sort de sa coquille: lorsqu'ils sont tout formés. Nous voyons le résultat et non la longue préparation qui échappe à une analyse superficielle.

Une expérience qui a accrédité la croyance à la génération spontanée est celle-ci : on remplit un verre d'eau distillée, c'est-à-dire dépourvue de toute substance organique, et cependant, au bout de quelque temps, on remarque à la loupe la trace de végétations cryptogamiques et la présence d'infusoires dans cette eau. A priori, l'on croit à la génération spontanée, puisqu'aucun animalcule n'a pu s'y développer. Cependant ce n'est qu'une illusion. L'air contient aussi des animalcules, et le contact de l'air a suffi pour féconder l'eau, ce qui n'aurait pas eu lieu dans un récipient hermétiquement clos. Les poussières organiques de l'atmosphère ont pris corps dans l'eau et se sont transformées qui en cryptogames, qui en vibrions ou infusoires divers. On se trouve là en présence d'une génération rapide, puisque les animalcules de l'air étaient évidemment différents de ce qu'ils sont dans l'eau, mais non spontanée Encore une fois, la nature ne fait pas de saut, et il faut s'en tenir à la seule évolution, qui est l'explication rationnelle du transformisme.

Comment les êtres passent d'un état à un autre

L'évolution des êtres est très lente et due à diverses causes En première ligne nous devons placer la lutte pour l'existence, qui veut que des êtres ne puissent vivre qu'aux dépens d'autres êtres qui leur servent de pâture. Les plus forts se nourrissent des plus faibles, et leurs organes d'attaque ou de défense se développent en raison de l'effort à faire. (Exemples : les pattes palmées des oiseaux aquatiques, la queue *prenante* de certaines espèces de singes, les dents défenses, trompes, cornes, aiguillons, etc.) Les plus faibles disparaissent ou résistent grâce à leur fécondité prodigieuse, qui les fait se reproduire au-delà de ce qui leur est pris par la voracité des espèces supérieures. Exemple : le hareng, la morue, les insectes, etc.

Quelquefois le moindre obstacle peut arrêter l'évolution des êtres ; l'espèce ainsi immobilisée se confine dans la forme qui lui est assignée et qu'elle ne transformera plus Son développement se porte alors uniquement sur les organes secondaires qui leur sont indispensables pour leur conservation. C'est ainsi que le nombre des espèces inférieures, c'est-à-dire arrêtées dans leur expansion, dépasse de beaucoup celui des animaux organisés.

En second lieu, les êtres subissent l'influence des milieux, qui détruit des espèces tandis qu'il favorise l'expansion d'autres en développant certains de leurs organes. Plusieurs espèces voient leurs membres s'atrophier par suite de leur inutilité dans le nouveau milieu qu'elles ont dû adopter. Exemple : la baleine, le phoque, sont des mammifères qui, au début des âges, vivaient à la surface de la terre et non dans la mer. Ayant changé d'habitude, leurs membres atrophiés se sont appropriés à la natation et se sont transformés en nageoires. Chez l'homme lui-même nous pouvons constater la disparition graduelle de certains organes accessoires : la dent dite de sagesse chez quantité d'individus, les poils de la poitrine chez la plupart. D'autres espèces, par contre, ont vu se développer certains de leurs membres par suite de la même nécessité (becs, ailes, dents, écailles, pattes, etc.)

Enfin la sélection naturelle veut que les êtres de la même espèce moins bien doués disparaissent pour ne laisser place qu'aux plus robustes. Ceci est caractéristique dans la conquête des femelles par les animaux sauvages. Les mieux organisés seuls perpétuent la race et lui impriment les changements heureux qui ont fait la supériorité du reproducteur.

Les espèces inférieures ne disparaissent pas, bien que servant de nourriture aux autres

Il en est qui ont disparu, mais d'autres ont résisté en vertu de leur *fécondité extraordinaire* et en raison même de la simplicité de leur organisme, qui se prête mieux aux circonstances. Plus la structure d'un animal est compliquée, plus il est sujet aux accidents et plus ses organes ont de chances d'altération ; par suite, sa reproduction devient de plus en plus laborieuse et pénible.

Aussi la plupart des animaux arrivés à un certain degré de perfection restent-ils à peu près stationnaires; beaucoup dépérissent dans leur descendance et disparaissent même complètement. Ainsi feront les éléphants, les baleines, quelques espèces d'animaux féroces et certaines races humaines; ainsi ont disparu beaucoup d'animaux fossiles, car tous n'ont pas engendré des espèces actuelles. La sélection naturelle, dans les temps préhistoriques, a favorisé un nombre restreint d'espèces au détriment des types intermédiaires. La chaîne zoologique est ainsi privée de nombreux anneaux surtout parmi les vertébrés (précisément les animaux les mieux organisés) alors que les invertébrés nous fournissent encore une série presqu'ininterrompue d'espèces similaires évidemment dérivés de la même souche.

Décroissance de certains vertébrés

Plusieurs découvertes nous ont prouvé que certaines espèces supérieures étaient en décroissance.

La multitude d'animaux vertébrés retrouvés dans les couches géologiques et qui n'ont plus d'analogues à notre époque; la petitesse des animaux qui existent encore et dont les ancêtres retrouvés démontrent la dégénérescence (ours, éléphants, caïmans, hommes, etc., dégénérés au point de vue *physique* des anciens ursus, mammouths, hommes fossiles, etc.) en sont la preuve.

On peut citer aussi, entre autres exemples d'animaux qui dépérissent, et sans que la destruction y soit pour beaucoup, le gorille. Cet animal, le plus grand des anthropoïdes, est également celui qui s'est élevé le plus haut dans l'animalité, au point de pouvoir être comparé avec avantage à quelques variétés de l'espèce humaine. De plus, il est doué d'une force musculaire extraordinaire. Malgré cela, il succombe à de très légères blessures et disparaît à l'approche de l'homme, dont le voisinage exerce une influence néfaste sur la reproduction de l'espèce. Cette dégénérescence n'est

d'ailleurs pas rare dans l'histoire des races humaines
elles-mêmes ; nous citerons, parmi tant d'autres, les
Maoris (Polynésiens), dont la natalité est très faible et
la mortalité intense, et qui cependant ne sont jamais
en guerre.

Enfin nous avons tous lu dans les vieilles chroniques,
des récits de chasse à l'auroch ou urus, bœuf sauvage
que l'on ne rencontre plus que dans des bois spéciaux
de Russie, bien que notre époque ne soit pas sensiblement différente de ce qu'elle était il y a un millier
d'années.

Les animaux se transforment encore

Les animaux se transforment encore, mais d'une
façon insensible. Différentes espèces de la même famille
peuvent varier et se croiser sous nos yeux, mais leur
évolution radicale n'est guère sensible pour nous et nos
observations ne portent que sur des modifications
d'ordre secondaire, morphologiques plutôt qu'anatomiques : la forme seule change d'aspect.

Le milieu n'est pas non plus aussi favorable qu'à
l'origine à une nouvelle évolution : l'atmosphère est
moins lourde, l'eau plus froide, la chaleur spécifique de
la terre a considérablement diminué. La puissance de
fécondité de la terre est donc limitée, comme celle de
tout corps qui vieillit. Ainsi la combinaison chimique
du protoplasma étant parfaitement connue, sa reconstitution n'entraînerait pas forcément la création d'un
être animé, et il est probable qu'une semblable tenta-
tive n'aboutirait pas. Les phases de la vie de la terre se
suivent et ne se ressemblent pas, et ne se répéteront
jamais.

Mais ce serait une erreur de conclure de là que le
transformisme n'a plus d'action à notre époque. Si
aucune transformation fondamentale ne se produit
pendant notre existence, c'est que celle-ci est trop
courte pour que nous puissions observer *de visu* cette
évolution. Les modifications de détail ne sont même
parvenues à notre connaissance que par la comparaison

des êtres actuels avec les relations qu'en ont faites nos ancêtres ou les fossiles qu'on a retrouvés. On ne peut évaluer les milliers de siècles qu'a mis la terre pour se refroidir, pendant lesquels des générations innombrables d'animaux ont passé successivement à sa surface. Si en quelques siècles nous avons pu constater certaines modifications, que serait-ce si notre observation pouvait porter sur des milliers de siècles !

En ce qui concerne plus particulièrement nos animaux modernes, nous devons reconnaître aussi que l'influence de l'homme entrave considérablement leur développement. L'homme prend une place de plus en plus prépondérante dans la nature, et un jour viendra où tous les animaux lui seront soumis, ceux qu'il n'aura pu domestiquer ayant disparu.

Mais si les animaux, du moins les espèces supérieures, ne nous offrent pas d'exemples de modifications radicales, il n'en est pourtant pas de même des végétaux, qui, cultivés avec soin par l'homme, nous présentent à volonté des exemples palpables de transformisme, trop connues des naturalistes et des horticulteurs pour que nous les rappelions ici. D'ailleurs tel n'est pas le but que nous nous proposons.

L'évolution s'applique à tous les êtres sans exception

Par ce rapide exposé du transformisme, il est facile de comprendre que l'évolution naturelle embrasse tous les êtres. Il n'y en pas eu de créés de toutes pièces et dans la nature il n'est rien d'immuable. Si l'on admet la transformation du protoplasma en animaux inférieurs, on ne peut refuser à ceux-ci la faculté de se transformer en animaux d'un organisme de plus en plus compliqué, et en tenant compte du temps écoulé, on ne pourra se refuser à admettre que l'homme provient du protoplasma, source commune de la vie, végétale et animale. On ne le contestera pas plus que s'il s'agissait d'un phénomène restreint auquel nos sens sont un peu plus accoutumés, telle, par exemple, la transformation du têtard en grenouille ou de la larve en papillon.

Ainsi, à première vue, un poisson, un reptile et un oiseau ont des différences trop bien tranchées pour être confondus dans une même famille, et cependant les batraciens (reptiles) passent sous nos yeux de l'état de poisson à l'état d'amphibies ; la paléontologie a aussi mis au jour des reptiles ailés et bipèdes (l'archéoptérix), puis des oiseaux aux plumes rigides, tenant encore des écailles, et dont le bec est armé de dents (ptérodactyles), et enfin des oiseaux semblables aux nôtres. De même le batracien, le saurien, qui sont reptiles-amphibies, sortent de l'onde à la période tertiaire, perdent leurs écailles et voient leurs pattes grandir. Puis, les mammifères ainsi constitués, on voit plusieurs espèces d'entre eux devenir quadrumanes et donner ainsi naissance à l'anthropomorphe, la bête sauvage encore qui deviendra l'homme. En sens inverse, des espèces retournent à l'origine et s'atrophient. Ainsi la chauve-souris a transformé ses membres antérieurs en membranes ailées, ainsi les phoques ont perdu leurs membres postérieurs et ont vu s'atrophier les antérieurs, ainsi les cétacés sont retournés à l'océan et ont pris la forme des poissons, bien qu'ils soient demeurés mammifères.

Certes, il y a des lacunes dans ce système, et il semble que certaines espèces n'ont aucun lien de parenté avec les autres. Nous en avons donné les raisons plus haut ; mais si l'on pouvait retrouver, parmi les couches géologiques, un fossile de *tous les animaux disparus*, on constituerait certainement toute la filière, et les différences constatées entre les animaux modernes seraient comblées par l'exhumation des types intermédiaires ; en l'état actuel de nos connaissances, ces différences sont progressivement atténuées par les découvertes de jour en jour plus importantes d'individus appartenant aux espèces intermédiaires, et le problème sera bientôt résolu. Le système est donc à compléter, non plus à justifier.

Cette reconstitution, on le conçoit, a mis à néant les vieilles classifications si tranchées des anciens naturalistes. Aussi les a-t-on revisées sérieusement et en a-t-on adopté de nouvelles. Mais cette fois, elles n'indiquent plus des espèces immuables, mais seulement des espèces plus rapprochées les unes des autres, et dont la classification n'a pour but que de mettre un peu de méthode dans l'étude de la zoologie.

Lois qui régissent l'évolution naturelle

Ces lois, résumées dans ce que nous venons de dire, s'appuient sur un certain nombre de faits généraux acquis par l'expérience et l'observation. Les voici d'après Darwin, dont le nom doit être cité ici, ainsi que ceux de Lamarck et Geoffroy-Saint-Hilaire, qui furent les véritables créateurs du transformisme :

1° La loi de reproduction ;

2° La loi des corrélations de croissance ;

3° La loi d'hérédité ;

4° La loi de multiplication géométrique des espèces et de multiplication arithmétique des aliments ;

5° La loi de constance dans les formes en raison de la simplicité de la structure. (Voir : *Zoologie générale*, par Beauregard ; *Le Darwinisme*, par Ferrière ; *Philosophie zoologique*, par V. Meunier).

Les espèces actuelles

Entre les espèces actuelles, il existe des rapports encore très sensibles, et le passage d'une classe à une autre. d'un embranchement à un autre embranchement du règne animal est parfois à peine sensible, surtout pour les espèces inférieures. On a divisé le règne animal en cinq embranchements, comprenant chacun plusieurs ordres subdivisés eux-mêmes en classes, en familles et en genres.

Voici les termes adoptés pour cette classification :

I. PROTOZOAIRES. — *Classes* : Monériens, infusoires, foraminifères, protistes (animaux-plantes). Ces derniers tiennent des zoophytes, dont le nom a la même signification.

II. ZOOPHYTES.— *Classes :* Polypes (corail, madrépores, éponges, etc.), vers intestinaux, échinodernes (étoiles de mer). Les vers marquent le passage à l'ordre suivant.

III. ANNELÉS OU ARTICULÉS. — *Classes :* insectes (voir les traités de zoologie descriptive), myriapodes, arachnides, crustacés, annélides (sangsues, vers de terre). Les annélides et l·s crustacés font transition avec les mollusques.

IV. MOLLUSQUES. — *Classes :* Acéphales (huîtres, moules, etc.), gastéropodes (escargots, etc.), ptéropodes, céphalopodes.

Le passage des mollusques aux poissons est caractérisé par l'*amphyoxus*, poisson à vertèbres informes et sans crâne, vivant dans les sables humides. Après l'amphyoxus vient la lamproie, dont la bouche est en forme d'anneau, également à vertèbres imparfaits.

V. VERTÉBRÉS. — *Classes :* Poissons (cartilagineux et osseux); reptiles (batraciens, ophidiens, sauriens, chéloniens; ; oiseaux (échassiers, brévipennes, gallinacées, grimpereaux, passereaux, rapaces ; mammifères (monotrèmes, marsupiaux, cétacés, ruminants, solipèdes, pachydermes, proboscidiens, édentés, rongeurs, amphibies, carnivores, chéiroptères, lémuriens, primates.

Les batraciens tiennent autant du poisson que du reptile, les sauriens se rapprochent du mammifère. Le *ptérodactyle*, espèce disparue, marquait le passage des reptiles aux oiseaux ; les monotrèmes (ornythorinques, etc.) sont des mammifères imparfaits, tenant beaucoup des sauriens; les marsupiaux (kangurous, etc.) sont des vivipares également indécis. Les cétacés (baleines, etc.) et les amphibies (phoques, etc.) sont des mammifères qui retournent à l'ordre des poissons ; les chéiroptères (chauves-souris) sont des mammifères qui se rapprochent de l'oiseau par leurs moyens de locomotion ; enfin les lémuriens tiennent lieu d'intermédiaires entre les carnivores, les rongeurs et les primates, dont l'homme est une famille.

Unité organique et parenté des êtres

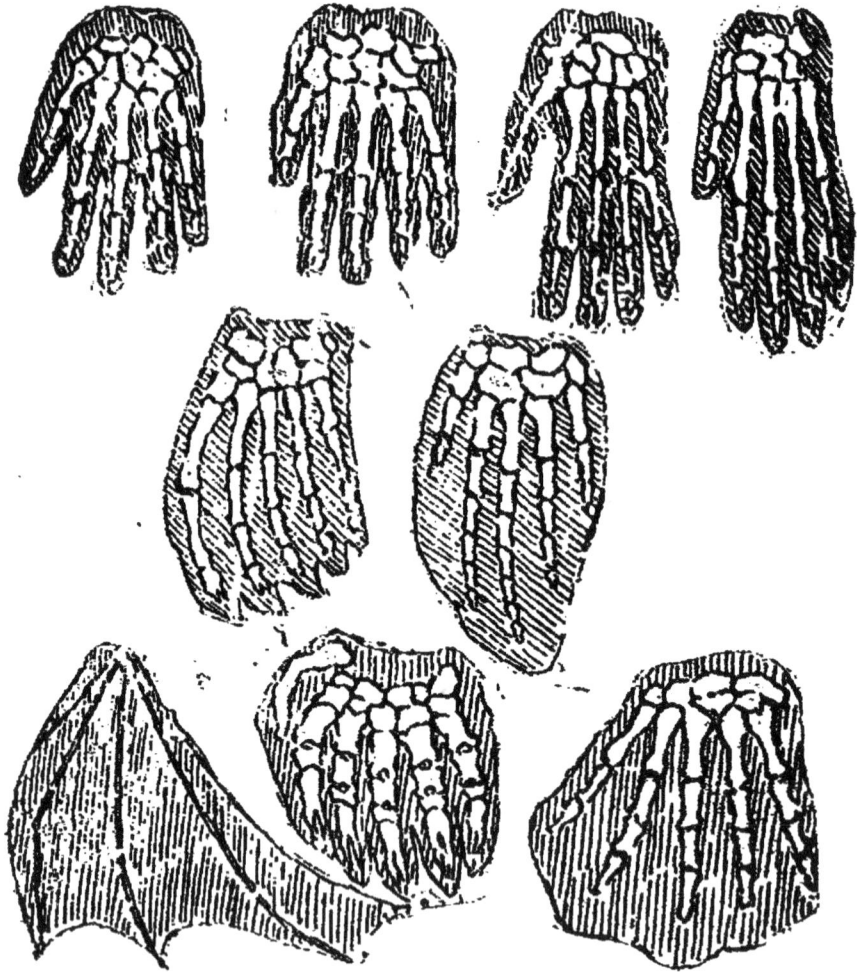

Main humaine   Gorille   Orang   Chien

Phoque   Dauphin

Chauve-souris   Taupe   Ornithorinque

V. Les anthropoïdes — L'homme

L'homme est un animal

Bien que cela puissse choquer notre amour-propre au premier abord, l'homme est un animal. C'est l'être le plus intelligent et le plus perfectionné, mais il ne fait pas exception à la règle commune. L'histoire de la civilisation nous le montre se perfectionnant d'âge en âge, et suivant les circonstances. Donc il est né perfectible.

Ceci admis, il faut logiquement en induire que s'il a subi des évolutions successives, il a dû partir d'un organisme simple pour aboutir au composé, comme tous les êtres et comme toute matière organique. Les traditions nous le montrent déjà inférieur à ce qu'il est aujourd'hui, et cependant ces traditions ne remontent pas très loin, à peine à l'époque dite néolitique (âge de la pierre). soit 8,000 ans environ. Or, comme l'époque quaternaire ne comprend pas moins de 4 à 500,000 ans, en la prenant seulement depuis l'âge du renne. on voit par là en quel état d'infériorité l'homme préhistorique devait être en regard de ce que nous sommes.

Il est probable qu'en ces temps reculés, il ne devait guère différer de l'animal, et en effet, les fossiles qu'on en a retrouvés sont conformes à l'anatomie des singes: ce ne sont que les traces de l'industrie naissante qui ont pu faire reconnaître à quel genre d'animaux on avait affaire.

L'homme fossile

On a retrouvé, dans les terrains quaternaires, des fossiles d'hommes de tous les âges de cette époque. C'est surtout dans des grottes ou cavernes, habitations des premiers hommes, qu'on a découvert de leurs ossements et des vestiges de leur industrie primitive, on en a également retrouvé dans les couches post-pliocènes et pliocènes (période tertiaire), ce qui démontre bien qu'il n'y a pas eu de solution de continuité dans l'évolution des êtres. Nous sommes incontestablement les descendants de ces fossiles.

Plus les couches sont profondes, plus les fossiles humains se rapprochent de la forme simienne (qui a trait aux singes) et ne diffèrent dés fossiles de singes anthropoïdes que par les traces d'industrie ou les débris de cuisine qui les accompagnent.

Enfin, on a retrouvé de ces vestiges jusque dans les couches miocènes !

A la vérité, l'animal qui a taillé les silex trouvés dans ces couches ne peut être qualifié d'homme, et personne, en effet, ne le prétend, mais on ne peut lui dénier le titre d'*ancêtre de l'homme*. C'est sans doute de cette époque que date la séparation insensible du rameau simiesque et du rameau anthropomorphe. Ce dernier rameau, dont sont dérivés les anthropoïdes et les troglodites (hommes des cavernes) est caractérisé par le *Driopithecus Fontanii*, dont on a retrouvé quelques fossiles, mais sans trace aucune d'industrie.

La première séparation des primates est donc antérieure à l'époque miocène ; la seconde date de l'usage du feu par la race qui a donné naissance à l'homme. Les terrains quaternaires, eux, ont vu les hommes se diviser à leur tour en brachycéphales et en dolichocéphales, (boîte crânienne arrondie ou allongée), lesquels, de même, ont donné naissance aux diverses races humaines telles que nous les voyons aujourd'hui.

Ajoutons, en passant, que le type brachycéphale a disparu d'Europe, et que c'est de lui que dépendent les premières races primitives d'Afrique et d'Océanie, races qui offrent encore une grande analogie entre elles et les anthropoïdes, leurs cousins germains.

Transition entre les animaux et l'homme

Il existe, en dehors des espèces disparues, des types intermédiaires : c'est naturellement parmi les primates que nous les trouvons. Au dessus des primates d'origine (les singes), il existe plusieurs espèces d'animaux dont la structure est plus rapprochée de celle de l'homme que du singe. C'est même en raison de cette ressemblance qu'on les nomme *anthropoïdes*.

Autrefois, on appelait ces animaux des grands singes, on a reconnu depuis que c'était à tort. L'anthropoïde tient plus de l'homme sauvage que du singe proprement dit; il existe même, entre certaines races humaines, une différence plus marquée que celle qui existe entre l'anthropoïde et l'homme primitif. Les nègres, d'ailleurs, les nomment *hommes des bois* (orang-outang), et le gorille est pris par eux pour un homme déchu, une sorte de démon.

Rapports anatomiques des primates et divergences

Chez tous les primates, l'organisme est identique et les divergences peu importantes. Voici en quoi elles consistent au point de vue anatomique :

— Le singe est quadrupède, et comme tous ces animaux, il obtient son équilibre sur deux points d'appui, l'un au niveau des épaules, l'autre au niveau du bassin.

Chez l'homme, au contraire, il n'existe d'équilibre stable que dans l'attitude verticale. Or l'anthropoïde a la colonne vertébrale conformée comme celle de l'homme; il marche mal à quatre pattes. Son attitude est oblique, mais rapprochée de la verticale; ses bras sont longs, et il marche habituellement sur deux pieds, en s'appuyant légèrement sur le dos des mains.

— Les singes ont tous une queue, sauf le magot, qui se rapproche ainsi des anthropoïdes. Ceux-ci, par contre, n'en possèdent pas plus que l'homme.

— Le bassin, le sternum, le thorax sont semblables également chez l'homme et l'anthropoïde ; enfin aucune différence organique n'a été relevée entre eux ; les traits de ressemblance sont nombreux, les dissemblances sont de peu d'importance et peuvent constituer un état d'infériorité pour l'anthropoïde, mais non la preuve d'une différence anatomique caractérisée.

Ces différences sont appelées morphologiques, mais non organiques. On exprime par là que leurs différents organes se modifient selon l'usage et le milieu où ils vivent. L'absence de poil, par exemple, constitue une différence *morphologique*, mais non organique.

Diverses familles des primates

Voici la clasification qu'en a donné le savant Broca.

ORDRE DES PRIMATES

PREMIÈRE FAMILLE. — HOMINIENS : Hommes.

Caractères: Attitude verticale. — Marche bipède.

DEUXIÈME FAMILLE. — ANTHROPOIDES : Gorilles ; Chimpanzés (ou Troglodytes) ; Orangs (Satyrus) ; Gibbons (Hylobates).

Caractères: Attitude oblique, rapprochée de la verticale. — Bipèdes imparfaits, prenant habituellement dans la marche un point d'appui sur la face dorsale des doigts et non sur la paume des mains. — Point de queue.— Structure organique extrêmement rapprochée de celle de l'homme. — Habitent l'Afrique tropicale et les grandes îles de l'archipel Indien.

TROISIÈME FAMILLE. — PITHÉCIENS : Semnopithèques ; Colobes ; cercopithèques ou guenons ; macaques ; magots ; cynocéphales ou babouins.

Caractères: Attitude plus rapprochée de l'horizontale que de la verticale, ou tout à fait horizontale. Marche quadrupède, dans laquelle les membres antérieurs appuient sur la paume de la main. Narines ouvertes au-dessous du nez. 32 dents, formule dentaire comme chez l'homme. Queue non prenante (nulle chez le magot). Sacs laryngées ventriculaires latéraux. Callosités aux fesses. — Habitent les contrées chaudes de l'ancien continent et de la Malaisie.

QUATRIÈME FAMILLE. — CÉBIENS : Alouates ; Atèles ; Ériodes ; Lagotriches ; Sajous ; Sagoins, Nycthipithèques ; Sakis ; Saïmiris ; Ouistitis.

Caractères : Attitude et marche comme les précédents. Narines ouvertes sur les côtés du nez qui est aplati. 36 dents, une molaire de plus que chez l'homme à chaque mâchoire. Queue habituellement prenante. Point de collosités aux fesses. Point de sacs laryngés ventriculaires à cavités. Quelquefois un sac laryngé unique médian et sous-épiglottique. —Habitent le nouveau continent.

CINQUIÈME FAMILLE. — Lémuriens : Makis ; Loris ; Indris ; Tarsiers ; Galagos ; Galéopithèques (animaux volant à l'aide d'une membrane), Avahis.

Caractères : Attitude et marche quadrupèdes. Formule dentaire variable ; de 30 à 36 dents. Quatre incisives supérieures. Incisives inférieures dirigées en avant, au nombre de deux, quatre ou six. Molaire à cuspides pointues comme chez les insectivores. Narines terminales et sinueuses. Paroi externe de l'orbite incomplète. Museau pointu. Tous les ongles plats, excepté celui du gros orteil. Queue non prenante Habitent presque tous Madagascar, quelques-uns l'Asie orientale ou l'archipel Indien.

Les lémuriens ont été classés par beaucoup de savants en un ordre spécial. Ils se rapprochent d'ailleurs du type écureuil, de l'ordre des rongeurs. Ils sont les intermédiaires entre ceux-ci et les singes comme les anthropoïdes entre les singes et l'homme. C'est pourquoi on les appelle aussi faux singes.

— Il ne faudrait pas conclure de ce qui précède que l'homme a dû passer par tous les genres avant d'arriver à son état actuel. Entre toutes les espèces de primates il y a parenté collatérale, mais non descendance. Le tronc commun doit se chercher parmi les espèces disparues, et non dans celles existantes.

Caractères distinctifs des anthropoïdes

Le moins favorisé des anthropoïdes est celui du genre gibbon, qui comprend une douzaine d'espèces. Le gibbon habite l'archipel Malais et la presqu'île de Malacca. Il marche sans difficulté sur ses deux pieds ; sa voix est forte et son cri correspond aux sons : Goek, goek, goek, goek, ha, ha, ha, hâââà. Il est intelligent et propre et de plus assez doux en captivité. Il se nourrit d'insectes.

Le genre orang, qui vient ensuite, comprend deux espèces. L'orang a les bras très longs et marche sur les mains, ce qui lui donne une attitude oblique. Intelligent également, il est sauvage et timide par nature, bien que doué d'une force énorme. Il ne vit pas en captivité, non plus que le gorille. Comme pour ce dernier, les indigènes prétendent que c'est un homme qui ne veut pas parler dans la crainte d'être obligé de travailler. Il est fructivore et habite Sumatra et Bornéo.

Le chimpanzé, qui a été longtemps confondu avec le gorille, habite l'Afrique centrale. Il marche debout, mais penché en avant et court à quatre pattes lorsqu'il est poursuivi. Les chimpanzés sont aisément domesticables et très intelligents ; ils adoptent facilement la nourriture de l'homme. A l'état sauvage, ils vivent en sociétés peu nombreuses et construisent leurs huttes dans les branches des arbres. Ils jouent bruyamment ; leur voix est rude, gutturale et peu grave, quelque chose comme : whoo whoo.

Enfin le gorille clot la série. Sa voix est développée autant que celle du gibbon, son cri d'alarme est : Kh ah ! kh ah ! prolongé et vibrant ; sa douleur s'exprime par hoo ! hoo ! hoo ! Le gorille est intelligent et tendre pour les siens, mais il ne fuit pas devant l'homme et ne vit pas en captivité. Il est farouche et sauvage ; il vit en sociétés peu nombreuses et bâtit ses huttes comme le chimpanzé ; il marche penché comme lui, quelquefois appuyé sur un bâton (une branche d'arbre), mais il ne se sert jamais de ses bras pour s'enfuir. Il a une crête chevelue et les poils de sa face se rapprochent de la barbe. En somme, on peut le considérer. avec les noirs, comme une sorte de géant dépossédé, un vaincu mille fois séculaire, mais non comme un homme avorté.

Objections faites à cette théorie

On objecte à la théorie transformiste l'opposition du pouce du pied, le défaut de langage articulé, la petitesse du cerveau.

L'opposition du pouce et du pied, n'a lieu chez l'anthropoïde, comme chez le singe, du reste, que par suite précisément de l'application de l'une des lois du transformisme ; ces animaux étant arboricoles, le gros orteil chez eux est devenu par nécessité opposable aux autres orteils. Tandis que l'orteil de l'homme prenait une forme appropriée à la marche bipède, celui du singe devenait ou demeurait opposable en raison de la manière de vivre de cet animal. Par la même raison aussi, plusieurs espèces de singes cébiens ont une queue prenante avec laquelle ils se balancent pour se lancer d'un arbre à l'autre.

On peut remarquer, au surplus, quelques exemples locaux de la vérité de ce principe. Chacun a pu voir, dans les foires, des amputés des deux bras : par l'habitude, leur orteil devient flexible dans une certaine mesure, au point de leur servir à tous les usages journaliers, tels que coudre, manger, boire, écrire, dessiner, etc. Si cette modification d'un organe avait une cause naturelle au lieu d'être purement un fait accidentel, nul doute que les rejetons d'un couple ainsi constitué n'héritassent des prédispositions de leurs parents. Il en est d'ailleurs ainsi des Aïnos dont nous parlons plus loin.

Le langage articulé

— Le langage articulé est plus spécial à l'homme. Les anthropoïdes eux-mêmes produisent des cris inarticulés qui suffisent à leurs besoins, mais on ne peut dire qu'ils parlent. Donc, à première vue, il semble que le langage est un obstacle sérieux à la théorie transformiste.

Mais là encore nous jugeons sur les apparences, sans tenir compte du chemin parcouru par l'humanité depuis la séparation du rameau hominien de l'arbre primate. En jetant un coup d'œil sur les langues primitives, on voit de suite qu'elles comportent beaucoup moins de mots et beaucoup moins de lettres, et cela se comprend : l'intelligence de l'homme ne s'exerçait que sur un petit nombre d'objets, ses pensées, par conséquent, n'avaient pas besoin d'autant de mots pour s'exprimer, et l'organe de la parole était à coup sûr moins développé que de nos jours.

De l'examen de plusieurs squelettes des époques miocène, pliocène et même quaternaire, il semble résulter, en effet, que les types humains primitifs étaient mi-muets, et que leur langage devait être limité à quelques cris, apparemment analogues à ceux de l'anthropoïde de nos jours.

L'ethnologie, de son côté, nous permet de faire des comparaisons entre les divers types humains existants, du plus civilisé au plus sauvage. Ainsi l'Australien et le Boschiman ont un langage très restreint, qui ne se place guère au-dessus de celui du gorille, qui est, de tous les animaux, celui dont les plaintes et les cris se rapprochent le plus de ceux de l'homme.

La parole, qui est le moyen d'expression de la pensée, est donc subordonnée au développement du cerveau ; c'est une faculté *acquise*, non naturelle ; c'est, si on le veut, la plus belle conquête de l'homme, mais ce n'est que cela ; à telle enseigne qu'un enfant à qui on n'apprendrait pas à parler, n'articulerait que des sons et ne pourrait exprimer ses pensées, bien qu'il possédât la faculté de la parole comme ses ancêtres. L'homme ayant perdu, à la longue, les autres moyens de compréhension — la mimique, par exemple, — il deviendrait idiot au même degré que le Tasmanien, qui, lui, ne se développe pas plus que le gorille et disparaît comme lui au contact de la civilisation. Mais du moins auront-ils rendu service à l'humanité en contribuant à lui dévoiler le secret de sa véritable origine.

Supériorité cérébrale de l'homme

— La supériorité intellectuelle de l'homme sur les animaux est, en effet, réelle, et il serait puéril de la nier, encore que bon nombre d'hommes paraissent inférieurs à certains de nos animaux.

Mais il faut reconnaître que le cerveau est la substance la plus impressionnable de l'organisme, celle dont les modifications se répercutent le mieux sur la descendance.

L'intelligence est en quelque sorte une faculté artifi-

cielle, non naturelle au sens absolu du mot ; elle est le
fruit du travail des générations et on l'acquiert par hérédité. Elle se développe comme le langage, qui en est
l'expression ; elle ne se conserve qu'en la cultivant et se
perd facilement, ce que l'on ne pourrait reprocher à
une faculté naturelle. Les petits des animaux se suffisent au bout de peu de temps, tandis qu'un enfant ne le
pourrait faire. Plus un organe est développé, plus il nécessite de soins pour se conserver au sein de la nature.

Et ce que nous avons tant de peine à transmettre à nos
enfants, nous ne pourrions le communiquer aux animaux. Il serait téméraire de prétendre que l'on pourrait
modifier le cerveau des anthropoïdes. L'homme, ne l'oublions pas, est d'une famille distincte, et il a dû passer
par une série de tâtonnements que nous ne pouvons
concevoir et que nous serions incapables de suggérer à
un anthropoïde. Nous pourrions lui enseigner à battre
le briquet ou à se vêtir comme nous, mais dans ce cas
nous n'éveillons que sa curiosité et nous provoquons
l'esprit d'imitation, mais nous ne pouvons artificiellement lui donner le jugement qu'il n'a pas et qu'il ne
pourrait acquérir que dans des circonstances absolument identiques à celles qui ont présidé à l'émancipation intellectuelle de l'homme. Loin de là, l'homme, au
contraire, semble paralyser l'initiative des animaux
qui vivent autour de lui. Ainsi, le castor, si industrieux
et si sociable à l'état de nature, devient sauvage, solitaire et inintelligent dès que l'homme vient habiter les
mêmes contrées que lui. Nous aurons d'ailleurs l'occasion de constater plus loin cette influence néfaste même
sur certaines races humaines primitives.

Proportionnellement à sa taille, l'homme est, de tous
les animaux, celui dont la capacité crânienne est la
plus considérable et le cerveau le plus lourd. On considère à juste titre ce fait comme une preuve de supériorité intellectuelle ; cependant il y a des exceptions à
cette règle qui nous démontrent qu'il ne faut pas se
baser d'une façon trop absolue sur le volume d'un cerveau pour juger du degré d'intelligence de l'individu,

car les prédispositions ancestrales (l'*atavisme*) et l'éducation modifient considérablement les éléments cérébraux.

Sous ce rapport encore, certaines races humaines sont moins bien douées que les anthropoïdes, et cependant ces races leur sont incontestablement supérieures, tant sous le rapport des connaissances acquises que sous celui de la vie de relations.

Causes de la supériorité de l'homme

D'abord, — en raison peut-être de changements brusques de température qui faisaient fuir le gibier en des contrées redoutées ou inaccessibles à l'homme, — celui-ci dut, à l'exemple de certains animaux, se nourrir de végétaux et manger indifféremment : fruits, herbes, poissons ou chairs. Il devint omnivore : premier avantage sur les animaux, qui entraîna une modification insensible du système dentaire (à l'origine, l'homme était carnivore, les débris trouvés dans les plus anciennes cavernes et le prognatisme des mâchoires retrouvées en font foi.)

L'homme a fait servir naturellement ses premières découvertes pour la lutte pour l'existence. C'est ainsi que la nécessité a dû faire comprendre au troglodyte, à l'ancêtre de l'homme, l'avantage de certaines adaptations à ses besoins, l'entretien du feu par exemple, qui nécessitait une entente entre plusieurs hommes. L'impression laissée par cet avantage s'est transmise aux successeurs de ceux qui, fortuitement, avaient fait cette découverte, et dès lors le cerveau de l'homme, mis en éveil par les préoccupations nées de cet embryon d'association, ne s'est plus arrêté dans ses recherches et son développement ; la vie sociale venait d'apparaître.

Par le feu, il a taillé des silex et chassé les animaux de leurs cavernes ; grâce à cet élément, il put mettre en réserve les aliments cuits et fut moins astreint à chasser par les intempéries. Ayant quelques loisirs, il poussa plus avant ses connaissances et put graver les outils en bois de renne qu'on a retrouvés dans les cavernes quaternaires.

Dès lors il put choisir son milieu, et ce qu'il y gagna en sécurité tourna au profit de la civilisation. Le cerveau se développa peu à peu, lorsque le corps put goûter quelques instants de repos; il voulut s'épancher au dehors, exprimer ce qu'il ressentait, et créa le langage articulé. C'est ainsi que l'homme préluda à la conquête de la planète et à l'asservissement de la matière et des éléments : C'est la nécessité qui créa le premier homme de génie.

Formation du langage

Dès que l'homme put se rendre compte de ce qui se passait autour de lui, il sentit le besoin d'exprimer ses idées autrement que par des cris et par les contractions de la face. Ces cris, qui lui suffisaient jusque-là, varièrent et se combinèrent entre eux, selon que les premiers hommes voulaient exprimer par là leurs nouvelles conceptions. Cet effort renouvelé, cette nécessité de désigner un objet par un mot firent impression sur le cerveau, qui retint le mot et s'en imprégna de telle sorte que la circonvolution qui correspond au langage s'amplifia de plus en plus. En même temps la mécanique du langage se compliqua ; la langue, la gorge, les lèvres se contractèrent sous l'empire de cette nouve nécessité, et modifièrent le son suivant les besoins. Après les voyelles se formèrent les consonnes, et avec elles les multiples combinaisons du langage articulé.

Ces modifications, on le conçoit, furent très lentes ; les mêmes mots indiquèrent souvent des objets très différents, comme on a pu s'en rendre compte à l'examen des langues primitives de la période historique. Bien que les recherches sur l'origine des langues soient forcément limitées à l'origine de l'écriture, on a pu, néanmoins, remonter fort loin et retrouver les racines de la plupart des langues anciennes et modernes. Ces racines sont en petit nombre ; en petit nombre aussi sont les races mères des multiples rameaux de l'espèce humaine actuelle.

Par contre, bien de races ont disparu sans laisser aucune trace de leur langage, ce qui augmente de beaucoup le nombre des langues existantes à l'époque où les Aryas et les Sémites dominaient le monde préhistorique.

Quoiqu'il en soit, les deux races les mieux douées ont anéanti leurs rivales et imposé leur langue à l'Europe et à l'Asie occidentale et méridionale. C'est en effet des Aryas que nous dérivons, race et langue. Mais les tribus diverses de ces peuples, en se séparant, modifièrent leur langage selon leur tempérament et leurs besoins ; elles émigrèrent fort loin, et chaque étape les sépara davantage des tribus sœurs, mais isolées et sans relations entre elles.

Voilà la vraie tour de Babel ; il n'y en a pas eu d'autres.

VI. — Les Races humaines

Les races humaines proviennent-elles toutes de la même espèce ? On serait tenté de répondre à cette question par l'affirmative. Pourtant cette hypothèse, assez admissible d'ailleurs, n'est rien moins que démontrée. L'homme est essentiellement migrateur de sa nature ; il a donc pu partir d'un point du globe pour de là en couvrir la surface entière ; il a pu aussi naître, de plusieurs rameaux de dryopithécus, plusieurs espèces humaines. Plusieurs auteurs veulent ramener l'humanité à deux espèces : l'une, brachycéphale, venant d'Asie, l'autre, dolychocéphale, venant d'Afrique ; mais rien n'est moins sûr que cette hypothèse, car les deux types sont fort mêlés et ne sont pas toujours originaires des pays où on les retrouve.

Les anthropoïdes présentent également ces deux types dans les mêmes contrées : devons-nous en conclure que nous avons une parenté plus directe avec les anthropoïdes qu'avec les hommes brachycéphales? Non, certes.

Enfin, les deux types ont pu naître d'un ancêtre commun. Cet ancêtre, c'est le *dryopithecus*, qui taillait

les silex découverts dans le terrain miocène, ce qui re-
cule l'antiquité de l'homme presque à l'origine des
mammifères quadrupèdes. On peut dire que les premiers vertébrés contenaient l'homme en incubation,
embryon d'animal qui ne différait en rien des autres.

Quoiqu'il en soit, il n'en est pas moins acquis que
toutes les nations actuellement existantes remontent à
un très petit nombre de types qui, eux-mêmes, n'avaient
pas toujours entre eux une différence bien tranchée.
Les crânes de la période quaternaire (qui furent d'abord
pris pour des crânes d'idiots) sont très peu dissemblables.

C'est le besoin d'expansion qui divisa définitivement
les hommes en groupes distincts, et ce fut l'influence
des milieux qui créa l'homme sédentaire ou nomade,
apathique ou industrieux, borné ou intelligent.

Causes des différences de races

Ces causes sont : d'abord celle nous venons d'indiquer,
l'influence du milieu, puis l'hérédité et la sélection.

Il importe de faire ici une remarque sur l'influence du
milieu sur les variétés de l'espèce humaine. L'énergie
modificatrice du climat et de la nourriture était certainement plus grande alors que l'homme, ignorant et
bestial, n'avait rien imaginé pour lutter contre elle.

Aujourd'hui, quand des hommes émigrent, ils empor-
avec eux les usages et les habitudes de la vie civilisée.
Ils se préservent de la chaleur ou du froid, de la séche-
resse ou de l'humidité ; leur habitat, leurs vêtements,
même leur nourriture sont sensiblement les mêmes que
dans leur pays d'origine. Par ces moyens, l'influence du
climat ne se fait sentir que plus tard et insensiblement.

Mais quand l'homme se répandit pour la première fois
sur la terre, n'ayant qu'un outillage grossier et rudimentaire pour lutter contre les éléments, ou même n'en
ayant pas, il dut être beaucoup plus sensible à l'influence
des milieux, et on est en droit de penser, avec beaucoup
de certitude, que le type humain, aujourd'hui fixé par
une répétition qui dure depuis de longs âges, a été lui-
même plus modifiable autrefois que maintenant.

Malgré les précautions des émigrants modernes, le type se modifie cependant. Le nègre de Guinée, transplanté en Amérique, se rapproche du blanc non seulement par l'altération de la peau, mais encore par la disposition du crâne ; il perd même sensiblement l'odeur particulière à sa race.

Les créoles français du Canada se sont rapprochés du type indien ; même phénomène chez les créoles espagnols de l'Amérique du Sud. Les Arabes (race blanche) de l'Afrique centrale ont le teint bronzé ; la peau des Européens devient aussi plus foncée, etc., etc. Naturellement, il n'est pas question, ici, du croisement, qui mélange si fortement les diverses races humaines.

Rappelons enfin un exemple des plus connus de ce que peut produire un changement de milieu défavorable. Par suite des guerres de 1641 à 1649, un grand nombre d'Irlandais, pour échapper au massacre, se réfugièrent dans une région montagneuse à l'est de Flews jusqu'à la mer. En deux siècles de misère et de barbarie, la taille moyenne s'est réduite à 1 m. 49, le ventre s'est ballonné, les jambes sont devenues cagneuses, les traits sont ceux d'un avorton : c'est le portrait des sauvages de l'Australie.

— L'hérédité transmet les variations subies par le père aux générations suivantes, pour peu que les conditions de milieu et de subsistance ne fassent pas obstacle à la transmission de ces modifications. Les exemples en sont trop connus pour que nous les relevions ici. Chacun a vu ou entendu parler de ces modifications plus ou moins profondes transmises par hérédité ; c'est ce que l'on nomme l'*atavisme*, ou les prédispositions ancestrales. Ces modifications s'altèrent par le croisement et disparaissent à la longue.

Mais si ces altérations se produisent au sein d'une tribu dont tous les membres ont subi l'influence du nouveau milieu, le nouveau type se perpétuera aussi longtemps que la tribu elle-même, qui formera peut-être la souche d'une nouvelle race.

— La sélection, comme l'hérédité, se démontre facilement. Si, parmi un troupeau, on prend les deux plus beaux spécimens pour les accoupler, les animaux qui en naitront formeront une race supérieure à la moyenne du troupeau dont ils sont issus. Dans l'humanité, cette sélection s'est opérée spontanément. Les enfants faibles, soumis à une vie trop rude, périssaient, tandis que les forts perpétuaient la race en l'améliorant. Au début, la conquête des femelles dut aussi être l'apanage du plus fort et du plus adroit. Enfin les peuples barbares, et jusqu'aux Spartiates, rejetaient les enfants mal conformés, ce qui leur donnait une supériorité physique sur les peuples plus policés et naturellement plus nombreux qui conservaient tous leurs rejetons.

Caractères qui différencient les races humaines

Ce sont : la couleur de la peau ; le degré de civilisation ; les rapports anatomiques. Les différences de couleur ne signifiant rien et ne constituant pas un degré spécial dans l'échelle humaine depuis l'époque quaternaire, nous allons dresser la liste des différentes races en ne considérant que le degré de civilisation qui les caractérise.

A ce point de vue, on peut diviser les races humaines en trois principaux groupes, qui n'ont naturellement aucune différence nettement tranchée de l'un à l'autre. Nous appellerons ces groupes : primitifs, sauvages ou barbares et civilisés.

En partant du type le plus dégradé pour arriver au mieux cultivé, nous trouvons dans le premier groupe : les Australiens des côtes (Océanie), les Fuégiens (Amérique australe), les Boschimans (Afrique australe), les Obongos, les Akkas (Afrique équatoriale), les Papous, les Négritos (Océanie), les Hottentots (Afrique australe), les Aïnos (Japon septentrional), les Esquimaux (Amérique du Nord, Groënland).

Le deuxième groupe comprend : les Nègres (Afrique, et plus spécialement la Guinée), les Mounda-Kohles (Hindoustan), Araucans (Amérique du Sud), Cafres ou

Bantous (Afrique australe et équatoriale), les Peaux-Rouges (Amérique du Nord), les Nyam-Nyams, Mombouttous (Afrique centrale), les Maoris (Polynésie et Nouvelle-Zélande), les Malais (Océanie, Madagascar, Malacca), les Dravidiens (Hindoustan), les Nahuas (Mexique et Texas), les Pampéens (La Plata, Uruguay), les Nubiens (Afrique orientale), les Toupi-Guaranis (Brésil, Paraguay), les Caraïbes (Guyanes, Vénézuela, Brésil), les Pouls (Soudan).

Dans le troisième groupe nous placerons : les Thibétains (Chine), les Maya-Quichés (Amérique centrale, Mexique), les Indo-Chinois (Laotiens, Birmans, Siamois, Kmer-Cambodgiens, Annamites), les Ouralo-Altaïens (Asie centrale, Turquie, Russie méridionale, Hongrie), les Muyscas (Ecuador, Colombie), les Quichuas-Aymaras (Pérou, Bolivie), les Chinois, les Caucasiens (Asie), les Chamites (Afrique septentrionale), les Sémites (Arabie, Syrie, Egypte, Sahara), les Japonais (Extrême-Orient), les Aryens (Inde, Perse, Europe). Il va sans dire que ces contrées n'indiquent que les pays d'origine, il reste entendu que les blancs d'Amérique et d'Océanie sont des Aryens purs ; de même que les Juifs, que l'on rencontre sur toutle globe sont des Sémites.

Particularités de ces différents peuples

En voici quelques-unes pour chaque partie du monde.

AFRIQUE

Le Boschiman se rapproche énormément du singe. Mâchoires prognates (allongées), longs bras (comme l'orang). Coloration noire.

L'Akka est un peu moins primitif. La colonne vertébrale forme l'S comme celle des singes. Peau noire.

Le Hottentot a quelque analogie avec les peuples primitifs de l'antiquité, pasteurs comme lui. Coloration noire.

Les Nègres (noirs) sont des peuples enfants. Les plus remarquables sont les Ouolofs du Sénégal et les Kroumens de la Côte-d'Ivoire ; les plus dégradés sont les

Chillouks et les Djours (Soudan oriental). Le type guinéen est celui du nègre proprement dit.

Les Nyam-Nyams sont intelligents, mais anthropophages. Les Mombouttous sont industrieux, mais anthropophages également. Ces deux races sont noires.

Les Cafres ou Bantous (peau brun jaune) sont d'un type plus élevé que celui du Nègre et à demi civilisés.

Les Pouls (type rouge africain) sont très intelligents. Ils se mélangent énormément.

Les Nubiens, type rouge également, sont métissés de Nègres, mais ressemblent beaucoup aux précédents. Ils sont assez intelligents.

AMÉRIQUE

Les Peaux-Rouges (Chippeouayans, Algonkins, Sioux) correspondent à la période barbare de l'Europe du Nord (Scandinaves, Germains, etc.); ils sont hautains, sauvages, rusés, assez intelligents, mais féroces, et ne s'accommodent pas de la vie sédentaire. Ils n'ont pas de gouvernement et vivent par tribus. Ils disparaissent peu à peu, aidés en cela par les balles et l'eau-de-vie que la civilisation américaine met à leur disposition. Ils ont la peau rouge-cuivré.

Les Caraïbes et les Toupi-Guaranis sont intelligents, industrieux et très soucieux de leur indépendance ; ils se plient très bien à la civilisation, mais vivent encore en sauvages. Ils étaient autrefois anthropophages. Pas d'institutions sociales ni de gouvernement. Les Guaranis, toutefois, font exception ; ils forment le fond de la population du Paraguay, qui forma autrefois un Etat communiste et théocratique auquel ils demeurèrent fort attachés ; malheureusement, ils étaient sous la domination énervante des jésuites, et leur système s'écroula sous les coups des Espagnols et des Portugais coalisés.

Les Pampéens sont sauvages, pillards, rusés, peu assimilables, non plus que leurs voisins les Araucans.

Les Fuégiens, sauvages primitifs, représentent bien le

type de l'homme quaternaire. Pas d'industrie, si ce n'est la taille du silex et la construction des barques.

Les Quichuas-Aymaras, mélangés aujourd'hui aux Espagnols du Pérou, sont intelligents et laborieux. Ils formaient autrefois l'empire des Incas, dont l'état de civilisation était très remarquable. Nous devons en dire ici quelques mots : Ils vivaient sous le régime communiste, leur existence, voire même leur bien-être, étaient assurés par l'Etat ; l'argent monnayé y était inconnu. Les produits, agricoles ou industriels, étaient centralisés dans des magasins régionaux, puis répartis entre les habitants. Chaque individu avait sa place marquée dans la société : l'agriculteur avait une parcelle de terre à cultiver, l'artisan une tâche à remplir. La production, ne pouvant s'accumuler indéfiniment, se réglait sur la consommation, sauf, bien entendu, l'entretien des greniers de réserve. Les soldats et les fonctionnaires recevaient même part que les autres, et la misère était inconnue au Pérou. Malheureusement, l'état politique ne répondait pas à l'état social : la liberté n'y existait pas. L'Inca exerçait un pouvoir absolu, plutôt tutélaire que despotique, qu'il disait tenir du Soleil, dont il était le fils. Au-dessous de lui gravitaient les nobles et les prêtres, exerçant encore un pouvoir très étendu. C'était le point faible de ce système, du moins à nos yeux, car les Quichuas ne semblent pas en avoir été très affectés. Quoiqu'il en soit, l'empire des Incas fut détruit par les Espagnols, et la conquête du Pérou marqua le commencement de la dégradation de ce peuple si avancé dans la civilisation. Encore aujourd'hui, les Péruviens sont loin d'avoir atteint au degré de prospérité dont ils jouissaient sous les Incas.

Les Muyscas ou Chibchas n'étaient guère moins civilisés que les précédents. Les Mayas-Quichés, dans l'Amérique centrale, les Aztèques, au Mexique, jouissaient également d'une civilisation très avancée. Ils avaient asservi les Nahuas, peuples sauvages dont les Comanches, au Texas, sont les représentants actuels.

Il existe encore d'autres Nahuas : les Pimas ou Pueblos, qui vivent non pas en guerriers chasseurs comme les Comanches, mais en agriculteurs groupés dans des espèces de phalanstères.

Tous ces peuples sont de couleur brun olivâtre.

Les Esquimaux (blancs) sont encore à l'état sauvage et très malpropres ; ils sont chasseurs et pêcheurs ; la société est entièrement basée sur la famille ; en dehors de cet état primitif, ils n'admettent aucune autorité, bien qu'ils constituent des groupes d'habitation. Ils tuent même quiconque essaie de les régenter.

OCÉANIE

Les Négritos (Mélanésie) sont un peuple sauvage et féroce, souvent mélangé de sang polynésien et malais ; ils en sont encore à l'âge de la pierre ; ceux des Philippines sautent de branche en branche à la poursuite du gibier. Coloration noire.

Les Papous sont demeurés aussi primitifs que les Négritos, mais quelques tribus sont susceptibles de civilisation. Ils sont cannibales et vont à peu près complètement nus. Ils ont la peau noire.

Les Tasmaniens étaient peut-être le peuple le plus inférieur de l'Océanie. Ils habitaient des abris de branchage et se couvraient uniquement d'une peau de kangourou. Ils ont disparu au contact de la civilisation.

Les Australiens des côtes (*bushmen*, hommes des buissons) sont de condition très inférieure. Ils vont nus, habitent des trous de rocher, des buissons, des amas de feuilles ou de branchages : on en a vu s'enterrer dans le sable pour dormir. Ils mangent tout ce qui leur tombe sous la main : insectes, poissons, animaux morts et même corrompus, tout leur est bon. Ils ne boivent que de l'eau pure et parfois la sève de certains arbres, qu'ils incisent pour l'en faire jaillir. Ils n'ont pas d'armes, si ce n'est le bâton, et n'ont pas de filets ; ils se contentent de ramasser le poisson échoué à marée basse. Ils n'ont ni radeaux ni rames, nagent lourdement et ne savent point plonger; ailleurs ils se hasardent sur des troncs d'arbres mal équarris et rament avec des plaques d'écorces, leurs pieds faisant l'office de gouvernail. La famille, chez eux, est très peu différente des accouplements d'animaux; ils n'ont ni tribus ni institutions, et ne forment que des groupes indécis. Les mariages ne sont que des rapts, et comme la polygamie règne en Australie, les plus forts et les plus adroits ont autant de femmes qu'ils peuvent en entretenir, et les faibles s'en passent. La chasteté y est totalement inconnue, et la crainte seule maintient la fidélité chez les f·mmes, qui, naturellement, sont la chose de l'homme. Enfin ils sont cannibales et ont un langage des plus rudimentaires. Comme on le voit, ils représentent assez bien le type de l'homme quaternaire ou même tertiaire tel que nous le concevons. Couleur noire.

Les Australiens de l'intérieur, sans être pour cela très avancés, sont un peu moins primitifs. Ils forment des tribus, possèdent des armes, (entre autres le curieux boomerang), habitent des huttes d'écorce et se couvrent de peaux d'animaux, parfois même d'étoffes. Ils sont à peu près au même degré de civilisation que les Papous. Leur teint noir varie cependant du brun chocolat au cuivre rouge foncé.

Les Maoris sont intelligents, sociables et industrieux. Ils sont anthropophages à l'état naturel, mais ils sont très civilisables. Ceux des îles Sandwich possèdent une monarchie constitutionnelle et se sont civilisés à peu près seuls depuis moins d'un siècle; ceux de Taïti sont francs, ouverts, ingénus et bien faits. Malheureusement, malgré leurs facultés d'adaptation, les Maoris dépérissent et disparaissent au contact des blancs. Ils ont le teint brun clair.

Les Malais ont également la peau brun clair; ils sont de beaucoup supérieurs aux autres indigènes de l'Océanie. A part quelques tribus encore à l'état sauvage et même cannibales, — les Dayaks, par exemple — ils sont grands navigateurs; les Hovas, de Madagascar, sont de race malaise. A Sumatra, chaque village s'administre librement et démocratiquement ; les femmes et les esclaves sont également bien traités.

ASIE

Les Aïnos, qui habitent les Kouriles et l'île Yeso, au nord du Japon, y ont été refoulés par les Japonais ; ils ont la peau presque blanche, mais très velue. Leurs orteils sont très mobiles, leurs bras longs ; ils sont peu civilisés, mais doux et paisibles. Les Aïnos sont apparentés aux Kamchadales.

Les Japonais sont très avancés en civilisation. Leurs mœurs, leurs institutions modernes et leurs tendances les rapprochent beaucoup des Européens. Ils sont de race jaune.

Les Chinois, les Indo-Chinois, les Thibétains, races jaunes toutes trois, ont beaucoup d'analogie entre elles, bien qu'elles ne puissent être confondues ensemble.

Ces peuples ont une civilisation très avancée, mais stationnaire. Les Cambodgiens ont même beaucoup perdu de leur ancienne splendeur : les ruines des monuments kmers nous l'ont démontré ; toutefois, l'influence des Européens les force peu à peu à sortir de l'immobilisme où ils se complaisent depuis quatre mille ans.

L'Inde a eu les Négritos pour aborigènes. En dehors de ces peuples primitifs, elle est le berceau de la grande famille aryenne, ou indo-européenne, des Mounda-Kohles et des Dravidiens.

Les Mounda-Kohles sont demeurés sauvages et n'ont pas subi l'influence aryenne. Ils sont noirs.

Les Dravidiens, de couleur brun foncé, se sont mélangés assez fortement aux Aryens. Toutefois, ils ont conservé quelques traits originaux. La tribu des Naïrs, au Malabar, entre autres, a conservé une singulière coutume : la polyandrie, par laquelle il est permis à une femme d'avoir plusieurs maris légitimes. Les Todas, qui rappellent le type australien, sont demeurés en l'état primitif.

La famille ouralo-altaïque comprend : les Toungouses, les Mandchous, les Mongols, les Turcs et les Tartares, ou Tatars, qui constituent la branche altaïque; les Ougro-Finnois, qui forment la branche ouralienne. Plusieurs de ces peuples sont restés semi-barbares; tels sont : les Tartares, les Samoyèdes (Sibérie, Russie du Nord), les Mongols et les Toungouses. Les autres: Turcs, Finnois, Ougriens (Hongrois) sont civilisés et assez connus pour que nous nous dispensions d'en parler. Les Hongrois sont Ouraliens (anciens Huns mêlés), les Cosaques et les Kirghises sont des Tartares (les Scythes de l'antiquité). Ces peuples sont presque tous nomades et pasteurs ; leur organisation, surtout chez les Mongols, est patriarcale, et les femmes y jouissent d'une grande liberté. Leur coloration, blanche chez les Finnois, prend une teinte fortement cuivrée parmi les peuples de l'Asie centrale.

Les Caucasiens sont blancs. Ils comprennent les Lesghiens, du Daghestan ; les Circassiens, les Grouses (Géorgiens, Mingréliens, etc.). Même degré de civilisation que les Turcs et les Cosaques.

Les Chamites et les Sémites ne forment en réalité qu'une race. On comprend plus spécialement sous la première dénomination les Cophtes (anciens Egyptiens), les Ethiopiens, qui sont fortement mêlés à la race nubienne, les Maures, les Berbères (Kabyles et Touaregs), anciens Lybiens, Numides et Gétules. Les Chamites forment la transition de la race blanche à la race noire. — Les Sémites sont divisés en deux rameaux : le rameau septentrional comprenant les Juifs, les Syriens et les Chaldéens; le rameau méridicnal se composant des Arabes et des Sabéens, dont le langage a laissé des vestiges dans les idiomes: ehkili dans le sud de l'Arabie, amhara en Abyssinie. Tous ces peuples ont le teint blanc, mais plus ou moins bronzé, selon les contrées qu'ils habitent. Ils sont monothéistes et théocratiques.

EUROPE

Les Aryens, originaires de l'Inde, comprennent la plupart des peuples civilisés d'Europe et d'Asie. Les Aryens primitifs parlaient le *sanscrit*, d'où sont dérivées toutes les langues indo-européennes. Leur état social était basé sur le patriarcat, ils vivaient en communautés, étaient polythéistes et avaient un goût prononcé pour les beaux-arts, lequel s'est perpétué dans les races qui en sont issues. La famille aryenne comprend huit ramifications : hindoue, éranienne, grecque, latine, celtique, germanique, lettique, slave.

Les Aryo-Hindous, qui occupent le nord de l'Inde, ont conservé le sanscrit comme langue sacrée et littéraire, tandis que se formait le *prakrit*, langue populaire dont sont dérivés tous les idiomes actuels des différents peuples de l'Hindoustan.

Le rameau éranien comprend les Persans, les Afghans, les Kurdes, les Beloutchis, les Ossètes. D'aucuns y joignent les Arméniens. Ils parlaient autrefois le zend.

Le rameau grec se compose des Grecs, Thraces, Macédoniens, Albanais, Candiotes et Epirotes. Les Grecs étaient autrefois le peuple le plus policé du monde ; ils étaient démocrates et leur état politique était la confédération. Aujourd'hui leur constitution est calquée sur celle des autres contrées de l'Europe.

Le rameau latin, ou plutôt *italique* (car le nom de race latine désigne plutôt les peuples parlant une langue dérivée du latin que des peuples sortant de la même souche). La langue latine a formé le français (parlé en France, en Belgique, en Suisse romande, au Luxembourg), l'italien (Italie, Tyrol, Istrie, Sardaigne, Sicile et Corse), l'espagnol, le portugais, le roumain, le romanche (*Grisons*, Suisse). Mais le rameau italique, au point de vue ethnologique, comprend plus spécialement les Latins (anciens Romains), les Ombriens, les Volsques, les Etrusques. Les Italiens du Sud étaient mêlés de Grecs, ceux de Ligurie (Italie septentrionale) étaient mélangés de Celtes. Les Etrusques étaient établis en

Italie antérieurement aux Latins et aux Grecs et jouissaient déjà d'une certaine civilisation.

Le rameau celtique comprend les Français (Celtes-Gaulois mélangés en minime proportion de Germains et de Latins, et en proportion plus forte de Kymris); les Belges (race autochtone métissée de Gaulois et plus tard mélangée de Germains); les Irlandais, les Gallois (race pure comme les Bretons); les Suisses (Helvètes mêlés de Germains); les Espagnols et les Portugais (Celtibériens), les Piémontais (Ligures), les Ecossais (Celto-Germains) et les Hollandais-wallons de la vallée de la Meuse (Bataves). Comme on le voit, les Celtes, les Italiotes et les Grecs sont fort apparentés entre eux; les Celtes du Nord ne le sont pas moins avec les Germains, et les Grecs des Balkans avec les Slaves. Pas plus dans les races humaines que dans l'ordre zoologique il n'y a de solution de continuité, de différence bien établie.

Le rameau germanique se divise en deux branches. La branche *teutonique* comprend : les Souabes (Wurtemberg), les Bavarois, les Saxons, les Allemands (Suisse allemande et Allemagne du Nord), les Cisleithans (Autriche), les Flamands, les Hollandais, les Frisons, les Westphaliens, les Anglo-Saxons (Angleterre). — La branche *scandinave* englobe les Danois, les Suédois et les Norwégiens.

Le rameau lettique comprend les Lithuaniens (Russie), peu nombreux et de jour en jour absorbés par les Slaves et les Germains. Déjà le *vieux prussien* a disparu.

Le rameau slave, enfin, se compose des Russes, des Polonais, des Serbes, Slovaques (Autriche), Croates (Illyrie), Dalmates, Bosniaques, Herzégoviniens, Monténégrins, Rouméliotes, Bulgares et Tchèques (Bohême). Plusieurs de ces peuples sont plus ou moins mélangés aux Germains et aux Tartares, comme il arrive d'ailleurs à toutes les races voisines, sauf le cas où elles sont divisées par une haine héréditaire, — ce qui ne se voit plus, malgré les apparences, — et qui n'empêche même pas toujours les mélanges.

Ce sont les Aryens qui forment l'élément principal de la race blanche. Avant leur arrivée en Europe, celle-ci était déjà habitée par des peuples autochtones qui existaient déjà lors de la période quaternaire. Ces peuples n'ont laissé qu'un représentant dont l'antiquité est hors de conteste. Ce sont les Basques, seuls aborigènes qui ont pu se maintenir isolés, grâce à leur situation géographique. Tous les autres ont disparu ou se sont fondus dans les Kymris, les Ibères, les Etrusques, les Pélasges, etc., premiers envahisseurs de l'Europe.

En dehors des Aryens et des Basques, l'Europe ne compte (abstraction faite des Cosaques subjugués par les Slaves et des Turcs en petit nombre), qu'un peuple étranger : ce sont les Hongrois, qui ne répugnent d'ailleurs pas au mélange. Un autre peuple erre également à travers les nations européennes, mais sans se mélanger, s'acclimatant partout, mais conservant toujours la religion, les qualités et les défauts de sa race : c'est le peuple juif, de race sémitique.

Ainsi l'humanité, par suite des métissages occasionnés par la rapidité des transports, la facilité des migrations et la suppression des barrières artificielles appelées frontières, retournera, dans un avenir plus ou moins éloigné, à un type unique de couleur plus ou moins foncée, selon le séjour de prédilection des individus.

Différence de coloration de la peau

La peau est la partie la plus facilement modifiable du corps. Elle se divise en trois parties : l'épiderme, le réseau muqueux et le derme. C'est le réseau muqueux qui donne la coloration à la peau. Il est composé de trois zones de cellules remplies d'un liquide coloré appelé pigment. La coloration du liquide pigmentaire dépend, comme toutes les sécrétions, de diverses causes intérieures ou extérieures. Dans une même race et sous la même latitude, cette coloration varie cependant, à tel point qu'il n'y a pas de différence de couleur nettement tranchée entre diverses races habitant le même

climat ; par contre il y en a une bien distincte
entre individus de même race placés sous un climat différent. Les taches de vin, les envies n'ont pas
d'autre cause que l'altération du liquide pigmentaire.
Le même phénomène se reproduit chez les animaux et
dépend même du mode d'alimentation.

Enfin une coloration analogue se retrouve chez les
peuples les plus éloignés et les plus divers. Le rouge
plus ou moins prononcé se rencontre chez les sauvages
de l'Amérique du Nord et chez les Pouls et les Nubiens,
en Afrique ; le noir chez les Négritos d'Océanie, certaines
tribus américaines et dans l'Inde aussi bien qu'en Afrique. Les Cafres sont jaunes, les Asiatiques de l'Extrême-
Orient également. Donc la coloration de la peau ne peut
être admise comme signe distinctif d'espèces.

Diverses nuances de la peau humaine

Les nuances de la peau sont variées à l'infini. Elles
vont de l'albinos (blanc complet ou absence de couleur)
qui se trouve dans toutes les races, au noir d'ébène, en
passant par le blanc mat, le blanc rosé, le blanc jau-
nâtre ou roussâtre, le blanc grisâtre, le jaune pâle, le
jaune foncé, le jaune orange, le brun pâle, le brun jau-
nâtre (couleur chocolat), le rouge cuivré, le rouge foncé,
le brun olivâtre, le noir plus ou moins foncé.

La coloration de la peau est indépendante du degré
de civilisation ; le système pileux, par contre, devient
plus rare à mesure que l'homme s'éloigne de plus en
plus de l'animalité. Ainsi les hommes de la période
quaternaire étaient velus comme les anthropoïdes de
nos jours.

DEUXIÈME PARTIE

L'ÉVOLUTION SOCIALE

VII. — Les Sociétés humaines

Étapes de la civilisation

Pendant la période quaternaire et pendant l'époque dite néolithique, les hommes taillaient le silex par éclats. Autrement dit, c'était l'âge de la pierre taillée. Les hommes vivaient par petits groupes sans cohésion, dans des cavernes ou des buissons. Peu à peu, l'usage de polir la pierre se répandit ; les familles les mieux outillées se développèrent au détriment des autres et constituèrent la tribu ou le clan ; la chasse fut alors mieux ordonnée, elle constitua de véritables battues. Puis l'on se livra à la navigation sur des troncs d'arbres creusés au feu, dans le but soit d'étendre par-delà les cours d'eau son domaine de chasse, soit d'assurer la sécurité du clan.

Enfin les hommes des tribus occupant des contrées riches en métaux découvrirent le cuivre et l'étain ; ils employèrent le cuivre d'abord à l'état pur, puis le mélangèrent à l'étain et en firent le bronze avec lequel ils façonnèrent leurs armes, leurs outils et leurs ustensiles, jusque-là limités aux outres en peaux d'animaux. On a retrouvé, de cette époque, des lances, des pointes de flèches, des hameçons, des colliers, des bracelets, des vases, des grattoirs, des rasoirs même, et surtout des haches. Mieux outillés, les hommes de l'âge de bronze purent équarrir plus facilement le bois et s'en faire des huttes. C'est alors qu'ils se rapprochèrent des fleuves et des lacs, qui leur offraient plus d'avantages que les forêts et les cavernes. Pour assurer leur sécurité, ils construisirent leurs habitations sur pilotis dans les lacs mêmes, et se garantirent des attaques des hommes et des animaux au moyen d'un pont mobile qu'ils retiraient la nuit. La cité lacustre était ainsi constituée et ce fut chez elle que le premier agrégat humain digne de ce nom fut constitué.

Cette première organisation, née des nécessités de la lutte pour l'existence, fut naturellement démocratique, surtout en temps de paix. Première manifestation de l'association pour la lutte. En temps de guerre, et cet état était fréquent, on élisait des chefs dont l'autorité ne s'étendait pas au-delà de la cause pour laquelle on les avait revêtus de l'autorité devenue nécessaire devant le danger.

Migrations

Mais bientôt, par suite du besoin d'expansion des peuples les mieux doués, des migrations devinrent nécessaires et l'état de guerre devint presque permanent. Les plus hardis d'une tribu émigrèrent et chassèrent devant eux d'autres peuplades qui devinrent envahisseurs à leur tour. Souvent l'assaillant était vaincu, et c'était une tribu qui disparaissait, fondue dans le peuple vainqueur ou détruite par lui. Souvent aussi les envahisseurs refoulaient tout sur leur passage, détruisaient ou chassaient les peuples, ou bien les absorbaient (ainsi firent les Huns et les Arabes); ils allaient ainsi jusqu'à ce qu'ils rencontrassent une contrée qui leur plût; alors ils s'y fixaient à demeure.

Le récit de ces migrations remplit l'histoire depuis l'aube des temps antiques jusqu'à l'invasion des Turcs et même jusqu'à nos jours, car ce que l'on nomme l'expansion coloniale n'est autre chose que la forme moderne des anciennes migrations.

État social qui résulta de ces migrations

La plupart du temps, les vainqueurs réduisirent les peuples subjugués en esclavage et constituèrent ainsi une caste aristocratique d'abord collective. Mais chez les peuples peu fortunés, l'insuffisance des richesses amena l'individualisme, et parmi les aristocrates eux-mêmes l'inégalité devint bientôt la loi : celui qui, par sa puissance, avait réuni le plus de richesses, fit sanctionner la légitimité de ses rapines et les transmit à ses descendants. Les vainqueurs, dans la crainte où ils étaient de voir la classe opprimée, esclaves ou serfs, profiter de leurs discordes pour s'affranchir, acceptèrent les faits accomplis et constituèrent la féodalité ; il y eut ainsi des suzerains, des vassaux, des chevaliers, des hommes d'armes. Ils se firent aussi les amis des prêtres qui contenaient, au nom des dieux, les peuples dans l'obéissance et le respect de la propriété si bien acquise par les vainqueurs. C'était, en somme, la loi du plus fort, la seule que pussent observer des peuples primitifs, n'ayant aucun autre moyen d'assurer leur subsistance.

L'élément sacerdotal, d'ailleurs, détenteur de l'intelligence et de la science, sut se faire une place à part chez tous les peuples, moyennant le sacrifice d'une partie de sa liberté, — tant il est vrai que le facteur intelligence, même en ces temps primitifs, influait déjà sur les actions des hommes. Les religions, dans l'ordre moral, comme la constitution d'une caste guerrière dans l'ordre matériel, furent nécessaires à ces époques pour guider et protéger l'enfance de l'humanité aujourd'hui majeure et plutôt, à cette heure, gênée que protégée par ses anciens tuteurs.

Malgré les obstacles accumulés par l'ignorance des peuples, le progrès s'affirma quand même, en vertu de la loi du mouvement incessant de toutes choses : l'agriculture et le pâturage apparurent, rendant la chasse moins indispensable et laissant un peu de repos aux peuples qui s'y livrèrent. Aussi la civilisation s'affirma-t-elle plus particulièrement chez ces derniers. Les pasteurs chaldéens furent les premiers à observer les astres. Les Egyptiens, les Chinois et en général les peuples de l'Asie Mineure, pasteurs et laboureurs, furent les premiers peuples civilisés.

Division de la société en castes antagonistes

Chez les peuples civilisés comme chez les autres, les mêmes causes d'insécurité engendrèrent naturellement les mêmes effets. Dans les cités ou les monarchies prospères, et par conséquent moins limitées dans leurs moyens d'existence, la nécessité de la défense du patrimoine commun, objet de convoitise des peuples rivaux, fit partager les citoyens en deux classes — jouissant à l'origine de droits égaux — guerriers et artisans. Les uns assuraient la sécurité de l'Etat, les autres sa subsistance. Contrat libre et équitable qui ne tarda pas à être violé, en raison de la soif de jouissance qui s'empare de tout homme oisif. Bientôt les guerriers ne se contentèrent plus de gloire : ils usurpèrent l'autorité et divisèrent la nation en patriciens et en plébéiens. Le travail, honoré jusque-là, devint dégradant ; on fit des prisonniers pour les transformer en esclaves, seuls chargés de tous les travaux de la collectivité.

Dès lors, les guerres civiles — contre nature, celles-là — ensanglantèrent les contrées les plus fertiles. Les patriciens, pour se garder, enrôlèrent des mercenaires qui, plus tard, lâchèrent pied devant les Barbares. La plèbe oisive et opprimée devint apathique et se désintéressa de la chose publique ; les esclaves abrutis ne bougèrent pas davantage au moment du danger. Et tous se corrompirent et se livrèrent à la débauche la plus dégradante. Ainsi tomba l'empire romain, qui avait dompté le monde au temps de ses vertus civiques et de ses institutions démocratiques ; ainsi tombèrent tous les empires qui violèrent le libre contrat social : ils durent leur chute plus à l'apathie et à l'inertie des classes opprimées qu'aux qualités guerrières de leurs adversaires.

L'inégalité des conditions, loin de favoriser le développement naturel de l'humanité, en fut au contraire l'obstacle le plus funeste. La division du travail, qui facilite la lutte pour la vie, est chose utile, mais elle ne doit pas entraîner l'oppression des travailleurs, c'est ce que ne comprirent pas et ne pouvaient pas comprendre nos ancêtres, dont le bien-être matériel immédiat était l'unique préoccupation.

Sous les coups répétés des Barbares — plus rapprochés qu'eux de la nature — la civilisation antique s'écroula complètement, et la féodalité, cette forme brutale de la propriété, supplanta généralement l'organisation municipale et la centralisation romaine, et fit ainsi reculer l'humanité d'un millier d'années.

Cette nouvelle organisation se modifia cependant peu à peu au cours des siècles, la centralisation romaine et propriétaire – par conséquent bourgeoise — reconquit en partie, sous la forme monarchique d'abord, le terrain perdu. Enfin 1789 vint, qui supprima la noblesse séculaire pour lui substituer la bourgeoisie propriétaire et capitaliste. A peine les privilèges nobiliaires étaient-ils abolis que l'inégalité fut consacrée à nouveau sous une autre forme. Et la loi, faite par une caste à son profit, proclama la légitimité de l'exploitation de l'homme par l'homme, en divisant les citoyens en bourgeois et prolétaires, comme à l'origine de la civilisation.

Ainsi l'homme-enfant contrecarre toujours l'action de la nature, qu'il devrait faire servir au bonheur commun, et annihile de gaîté de cœur les bienfaits que lui apporte toute nouvelle découverte de la science. Il comprime l'effort du cerveau humain, entrave la poussée lente du progrès et engendre la misère et les maux là où ne devrait exister, de par la suprématie qu'il exerce sur la terre entière, qu'harmonie, bonheur et santé. Cette conduite est pour le moins étrange et appelle une explication.

VIII. — La lutte pour la vie

L'anomalie que nous signalons, chacun l'a compris —. et beaucoup la croient fatale pour cette cause, remonte au début des formations sociales. Elle tient à l'âpreté de la lutte que l'homme peu armé eut à soutenir contre la nature pour assurer son existence.

A l'origine, les liens sociaux étaient faibles, et l'homme privé de ressources s'affranchissait du dénuement comme il pouvait, même au détriment de ses semblables. Pendant longtemps, la terre ne produisit que trop parcimonieusement les objets et denrées nécessaires aux besoins de l'homme; l'industrie rudimentaire des débuts ne mit à la disposition de ce dernier que des moyens trop faibles pour assurer indéfiniment son existence sans nuire à celle d'autrui; la notion du chacun pour soi en est résultée avec une force exceptionnelle et a laissé une empreinte profonde dans le cerveau humain.

Cet esprit d'égoïsme fut naturel et légitime aussi longtemps que dura l'incertitude des ressources de l'homme; mais il semble qu'il aurait dû disparaître avec cette incertitude et que l'altruisme aurait dû grandir au fur et à mesure que s'aplanissaient les difficultés de l'existence et que se développaient les rapports sociaux. Evidemment, il ne doit plus y avoir lutte là où il y a surabondance de produits.

Il n'en fut cependant pas ainsi.

Le besoin de sécurité une fois satisfait chez quelques-uns et la transmission de cette sécurité à leurs descendants garantie, l'égoïsme de ces privilégiés se transforma en besoin de jouissances, et ils voulurent non plus jouir paisiblement du nécessaire, mais encore se créer un superflu qu'ils pussent gaspiller à leur aise. C'est-à-dire qu'ils s'octroyèrent le droit d'user et d'abuser du domaine commun et de profiter exclusivement du travail d'autrui, puisque le leur n'existait plus. C'est pour cette unique raison que la classe laborieuse, en dépit des progrès de la science, est toujours opprimée et misérable, alors que la richesse sociale s'augmente à l'infini.

Et ce regretable esprit égoïste des possédants,—triste héritage des ancêtres — est aujourd'hui cultivé avec soin chez l'enfant. Celui-ci, devenu homme, ne conçoit alors que son intérêt propre et immédiat, ni plus ni moins qu'aux époques préhistoriques. — Par une contradiction étrange, les économistes enregistrent avec plaisir les nouvelles inventions, et ils ne s'aperçoivent pas que tout nouveau progrès les lie davantage à la collectivité et bat en brèche leur doctrine individualiste ! Ou s'ils s'en doutent, ils ont soin de n'en rien laisser paraître.

Mais, en dépit de leurs efforts intéressés, la vérité finit par luire aux yeux des foules. Aujourd'hui l'on soupçonne que l'on a abusé des formules scientifiques à notre détriment. Demain tout le monde se dira que, de par l'abondance de la production, la lutte *naturelle* pour l'existence a cessé d'exister chez les hommes, et que la classe aristocratique ou jouisseuse ne se maintient plus qu'*artificiellement*, grâce à l'ignorance où nous sommes de nos droits exacts. Et l'on se dira que la lutte soutenue par les capitalistes n'est pas le combat *pour* la vie, mais *contre* la vie de la majorité des hommes. Dès lors c'est la lutte contre l'oppression qui devient, en fait, la vraie lutte populaire, la seule naturelle et par conséquent légitime ; le droit à l'existence est imprescriptible, le droit à l'oppression n'existe pas. Les animaux et les insectes luttent aussi pour l'existence, mais aucun n'accumule les produits du travail d'autrui pour les mettre en valeur : comme l'homme, plusieurs espèces s'associent pour la lutte, mais tous les individus ont un droit égal à la consommation des produits accumulés et à la jouissance du bien-être qu'ont procuré les travaux exécutés par tous et pour tous. D'où nous concluons que l'iniquité est un privilège spécial à la race humaine.

L'inégalité sociale n'est pas naturelle

Les économistes prétendent, avec force paradoxes, que l'inégalité est une loi de la nature. C'est une erreur grossière qu'il convient de détruire au plus vite. L'inégalité, inscrite dans les codes de législation, est *voulue* et non naturelle ; ce sont des conventions modifiables et sans cesse modifiées, faites pour les besoins d'une époque et dictées par une nécessité temporaire. La loi naturelle de la lutte pour la vie, atténuée chaque jour par les progrès de la civilisation, ne saurait trouver son application dans une société qui n'est pas basée sur la force physique, la seule indépendante de la volonté de l'homme. En confondant — peut-être à dessein — les inégalités physiques et les inégalités sociales, les économistes bourgeois ont jugé superficiellement sur de légères apparences, et ont conclu à une sorte de fatalisme d'autant plus désespérant pour les déshérités de la fortune, que ces mêmes économistes ne se sont pas fait faute — et cette fois non sans raison — de démolir impitoyablement la fiction d'une vie meilleure dans un autre monde.

S'il était vrai qu'il dût y avoir des heureux et des malheureux, il eût été au moins équitable et humain de ne pas leur arracher leurs illusions ; sinon ils souffrent plus de leur science et de leur intelligence que l'animal qui n'a pas conscience de son infériorité.

Condamner de gaîté de cœur les trois quarts de l'humanité à la misère sous prétexte que c'est en vertu d'une loi naturelle de la lutte pour l'existence, c'est méconnaître — sciemment ou aveuglément · le rôle de la civilisation, qui doit corriger la nature en ce qu'elle a de défavorable aux intérêts de l'homme ; c'est fausser le principe de l'association pour la lutte — non moins naturel que celui de la lutte pour la vie. Enfin c'est ne pas tenir compte de ce nouvel élément de combat, de ce facteur artificiel invincible : l'intelligence, qui sert à l'homme à dompter la nature — quand elle ne lui sert pas à exploiter son semblable. .

La lutte n'est plus nécessaire entre les hommes

La lutte pour l'existence existe encore, il est vrai, mais elle a cessé depuis longtemps d'être individuelle, et là où il semble qu'elle a conservé toute son acuité, dans les cas de maladies, par exemple, la science vient encore à la rescousse. De même que le mouvement propre des atomes se fond dans la masse du corps absorbant, qui les entraîne alors collectivement dans son mouvement général, de même le travail personnel des individus se confond dans la collectivité des êtres humains. La lutte se circonscrit dans des cercles qui vont toujours s'élargissant. Cette lutte se transforme en solidarité pour les individus et les groupes sociaux, qui alors dirigent leurs attaques contre les autres espèces et la nature.

La société se substitue donc à l'individu dans la lutte et lui assigne sa place dans la production : le travail est divisé à l'infini et nul ne peut se suffire à lui-même. Or, puisque la production est collective, d'où vient que la consommation ne l'est pas? Serait-ce en raison de la rareté des denrées? Nullement, les statistiques nous démontrent que la terre peut nourrir actuellement quatre fois plus d'habitants qu'elle n'en contient, ce qui supprime toute cause de lutte pour la possession de ses fruits.

Les animaux d'une même espèce ne se battent jamais lorsque la pâture est en quantité suffisante. Pourquoi en est-il autrement des hommes?

Comment la loi de la lutte pour la vie, du *stuggle for life*, — comme on dit dans un certain monde, — favorable au développement de l'humanité dans l'ordre naturel, peut-elle lui devenir funeste dans l'ordre social? La nature donne-t-elle la suprématie à une classe d'êtres en tous points semblables à d'autres êtres, sinon même plus malingres? Non ; la classe possédante, loin de justifier ses prétentions par une supériorité naturelle, c'est-à-dire physique, ne soutient qu'artificiellement ses privilèges, et la force qu'elle déploie est empruntée à la classe même qu'elle exploite.

Sa puissance est donc anti-naturelle et purement conventionnelle. Elle est étayée par un arsenal de lois contradictoires, sans cesse renouvelées et superposées, et ces lois nécessitent, pour être appliquées, l'entretien d'une nuée de magistrats, de fonctionnaires, de policiers et de soldats. Nous croyons inutile de faire remarquer que rien de semblable ne serait nécessaire dans une société basée réellement sur l'observation stricte des lois de la nature.

Le malthusianisme

Le *struggle for life*, d'ailleurs, poussé à l'extrême, aboutit à l'absurde, et nombreux sont les économistes qui y tombent. En voici des exemples.

Un économiste d'une logique cruelle et inflexible, Malthus, tira les conclusions de la lutte pour la vie appliquée à l'ordre social et aboutit à de singulières conséquences. Elles méritent d'être citées ici.

Dans son *Essai sur la population*, Malthus s'exprime ainsi : «Un homme qui naît dans un monde déjà occupé, « si sa famille n'a pas le moyen de le nourrir, si la « société n'a pas besoin de son travail, cet homme, dis- « je, n'a pas le moindre droit à réclamer une portion « quelconque de nourriture : il est réellement de trop « sur la terre. Au grand banquet de la nature, il n'y a « point de couvert mis pour lui. La nature lui com- « mande de s'en aller, et elle ne tarde pas à mettre elle- « même cet ordre à exécution... Lorsque la nature se « charge de gouverner et de punir, ce serait une ambi- « tion bien méprisable de prétendre lui arracher le « sceptre des mains. Que cet homme soit donc livré au « châtiment que la nature lui inflige pour le punir de « son indigence. *Il faut lui apprendre* que les lois de la « nature le condamnent, lui et sa famille, aux souf- « frances, et que si lui et sa famille sont préservés de « mourir de faim, ils ne le doivent qu'à quelque bien- « faiteur compatissant, qui, en le secourant, désobéit « aux lois de la nature... La justice et l'honneur nous « imposent le devoir de désavouer formellement le pré- « tendu droit des pauvres à être assistés. »

Nous ne trouvons qu'un défaut à cette sentence : c'est de pécher par la base. Les indigents ne le sont pas parce que la nature l'exige, mais bien parce que la société veut qu'il en soit ainsi : il n'y a pas de race riche. L'indigent d'aujourd'hui peut être le millionnaire de demain ; affaire de hasard ou de manque de scrupules pour parvenir à la fortune. Dès lors, pourquoi disparaîtrait-il puisqu'il caresse toujours l'espoir de s'enrichir? Et qu'est-ce que la nature apporte à l'homme fortuné de plus qu'aux autres hommes ? Rien, le travail d'autrui fait seul les frais de sa prétendue supériorité. Donc la nature ne commande rien de semblable à ce que Malthus lui impute.

D'après les malthusiens, les pauvres sont de trop parce que le développement du machinisme permet de se passer de leur concours ; au lieu de simplifier le travail et réduire la main-d'œuvre, ce serait le travailleur qu'on supprimerait. Singulière conséquence du progrès de la science ! Cette sélection serait aussi légitimée par l'impossibilité de nourrir tout le monde dans un temps déterminé. La population augmenterait en proportion géométrique ($4 \times 4 = 16$), tandis que les produits de la terre n'augmentent qu'en proportion arithmétique ($4 + 4 = 8$) d'où disette de produits. Mais cette règle est loin d'être absolue et n'est nullement démontrée. L'ordre social n'est pas immuable ni réglé comme un chronomètre, et Malthus, malgré son apparente logique (qui ne se justifierait en tous cas que dans 4 ou 500 ans), n'avait prévu ni la culture intensive (qui décuple les produits) ni la mise en exploitation des terres vierges, ni l'appauvrissement des facultés procréatrices de l'homme, qui vont en sens inverse du développement de son cerveau. Enfin ces questions pourront faire l'objet des préoccupations de nos descendants, mais elles ne sauraient nous être opposées, puisque la terre peut nourrir, actuellement, répétons-le, un nombre quadruple d'habitants, même en ne tenant aucun compte des progrès de la chimie agricole.

Les doctrines de Malthus ont naturellement amené ses disciples à rechercher les moyens propres à remédier à cette pléthore humaine. L'un d'eux, l'économiste Weinhold, a proposé *la castration d'un certain nombre d'enfants du peuple* ; un docteur G..., cité par Proudhon dans ses *Contradictions économiques*, a conseillé *l'avorte-*

ment ; un autre enfin, Marcus, est allé jusqu'à *l'infanti-cide*.

Sans aller aussi loin, la plupart des économistes prétendent qu'il y a trop de monde pour le peu de travail manuel qui reste à faire, et préconisent la guerre comme un remède fatal et indispensable, comme un mal *nécessaire!*

Mais ce n'est pas tout. La médecine, qui contrecarre la nature, est aussi un obstacle à l'évolution naturelle ; il est nécessaire d'arriver à sa suppression, non pas, comme on serait tenté de le croire, par une application rationnelle des règles de l'hygiène publique et privée et par un sage retour à la nature, — mais bien en abandonnant les malades à eux-mêmes et en empêchant les infirmes de se reproduire. En dehors de toute considération sentimentale, on reconnaîtra avec nous que le moyen est empirique : les causes de nos maladies existant toujours, les effets se reproduiront infailliblement. Il est d'ailleurs un fait acquis : c'est que la plupart des maladies dont nous souffrons son inconnues des peuples primitifs ; elles sont les fruits exclusifs de notre civilisation contre nature : les uns sont tués par le travail, les autres par la débauche. Et puis, les pauvres ne sont pas les seuls malades de l'humanité, tant s'en faut : condamnera-t-on aussi le malade richissime ? Ce serait évidemment logique. Mais un économiste malthusien ne saurait s'arrêter à d'aussi minces détails.

Enfin l'assistance publique, ce palliatif inefficace préconisé par la charité religieuse, ne trouve même pas grâce — on l'a vu plus haut — devant ces implacables sectaires du fatalisme, qui n'ont qu'un tort : celui de formuler leurs doctrines étant eux-mêmes à l'abri du besoin et dans une situation de fortune qui leur permet de croire que tout est pour le mieux dans le meilleur des mondes.

Sans s'en apercevoir, ces séides du capital retournent tout doucement à la barbarie, qui, du moins, avait la nécessité pour circonstance atténuante.

Toutes leurs doctrines anti-humaines sont, par cela même, anti-naturelles. L'humanité représentant un organisme en continuelle évolution sociale ou agrégative, il ne peut exister entre ses parties une lutte perpétuelle, mais au contraire, une marche incessante et graduelle vers la coopération et l'harmonie.

Le capital n'est qu'un mot

Le capital est le symbole de l'état propriétaire et constitue une puissance d'ordre purement conventionnel. C'est en vain qu'on l'oppose sans cesse à cette puissance réelle : le travail ; il n'est, en réalité, qu'un nom exprimant lui-même une idée collective ; il n'est rien moins qu'individualiste et ne représente pas le moins du monde le fruit des efforts et du travail personnels. Ce que l'on entend par le capital, nul ne le conteste aujourd'hui, n'est autre chose que du travail accumulé : c'est le bénéfice non consommé de l'association pour la lutte ; c'est la réserve collective de l'humanité, réserve que n'auraient su acquérir, conserver et transmettre à leurs successeurs les hommes livrés à leurs ressources propres. Or l'association telle qu'elle est pratiquée de nos jours étant monstrueuse, puisqu'une partie des associés est opprimée par l'autre, il faut en conclure qu'elle est détournée de sa destination naturelle. La richesse étant d'origine sociale, doit être répartie entre la collectivité tout entière.

En résumé, l'évolution naturelle a suivi régulièrement sa marche jusqu'à la constitution des sociétés, qui ont modifié son action et l'ont rendue collective. Elle s'est complétée, dès lors, par l'évolution sociale, dont l'intelligence est l'organe et le créateur : c'est elle qui règle désormais les conditions d'existence et les rapports des individus ; elle peut et doit leur assurer le bien-être, car la nature, dont elle est issue, ne distingue pas entre les individus d'une même espèce.

Toute autre manière de concevoir les rapports sociaux est contraire à la théorie transformiste, et le socialisme, bien loin d'être un retour aux temps primitifs, nous apparaît au contraire comme le corollaire obligé, l'aboutissant de l'évolution naturelle.

IX. L'Association pour la lutte

L'Association pour la lutte est une loi de la Nature

A première vue, il semble que, parmi les principes d'ordre conventionnel, on doive placer en première ligne l'association des êtres d'une même espèce. Il n'en est rien, c'est l'inverse qui est vrai. Le sentiment qui pousse deux êtres à s'unir est absolument naturel; ce qui ne l'est pas, c'est l'accaparement par l'une des parties des fruits du travail des autres membres de l'association.

Ainsi les abeilles, les fourmis, les castors, et d'autres espèces d'animaux, nous offrent des exemples frappants d'association pour la lutte; aucun d'eux cependant n'est privilégié dans la répartition des produits. Il en est ainsi chez tous les animaux qui vivent en troupeaux ou en familles.

Les sociétés humaines, à l'origine, n'ont pas été différentes de ces formations animales, et si elles ont pris une tournure conventionnelle, ce n'est qu'à la longue, par suite du développement de l'intelligence de l'homme qui lui a fait concevoir une organisation sociale mieux en rapport avec ses nouveaux besoins. Les découvertes de la science se firent sans ordre et un peu au hasard, les hommes du moment en profitèrent imparfaitement et seulement dans la mesure que leur permettaient leurs facultés encore embryonnaires, et chaque fois ils ajoutèrent un anneau à la chaîne qui les unissait. Ce manque d'unité de plan fut la cause de l'édification d'une foule de lois superposées qui jurent d'être rassemblées; le contrat social édifia un monument formidable et fragile, composé d'éléments tellement hétérogènes et si mal soudés entre eux qu'il demande sans cesse des réparations et des contreforts.

Aussi, maintenant que les lois naturelles sont mieux

connues, une réédification complète s'impose. De même
que la science, après avoir construit une machine aux
rouages compliqués, arrive à la simplifier en l'améliorant, la supprime quelquefois ou en remplace presque toutes les pièces, de même dans l'ordre social la
simplification et la mise au point deviennent une nécessité de plus en plus impérieuse. Il faut que la société
s'épanouisse librement, au soleil et au grand air, car
les empiriques et les barrières l'étouffent et l'épuisent.

La loi d'association s'impose donc étroitement aux
hommes, la plupart du temps même à leur insu. En
voici quelques exemples :

La constitution d'une armée et d'un système de défense est un acte d'association collective ; les travaux
publics, ponts et chaussées, villes, maisons, sont autant d'actes d'association nécessaires et auxquels les
peuples ne peuvent se soustraire sous peine de disparaître.

Les Etats, fédérés ou unitaires, les communes ne sont
autre chose qu'une des formes de l'association pour la
lutte : c'est le conseil de gérance de tous les citoyens
groupés par affinités de races ou de langage. Tout acte
qui lèse un citoyen au profit d'un autre est un acte de
mauvaise administration, un crime contre la solidarité.
*Et cette association ne se borne pas, comme on le prétend,
à une action purement politique,* elle s'étend à toutes les
branches de l'activité humaine.

Qui donc veut borner cette action ? C'est l'homme seul,
qui fait et défait les lois au gré de ses caprices, et non
la nature. Et malgré tous les sophismes et les lois, la
Nature a toujours le dernier mot.

Dans l'ordre économique, l'anarchie règne depuis
longtemps. Mais là plus encore que dans l'ordre politique, l'organisation collective de la production et de la
consommation s'impose de plus en plus au monde moderne. De jour en jour la propriété individuelle s'efface
devant le capital-action, anonyme et impersonnel, et
qui n'est que l'une des formes de l'association pour la
lutte.

Les grandes usines, les grands magasins, les entre-
pôts, les manufactures, les assurances, les mines, les
chemins de fer, le gaz. l'éclairage électrique sont du
collectivisme pratiqué exclusivement au profit d'une
classe, en ce qui regarde les bénéfices, mais utile à
tout le monde quant à l'usage. Ce sont de véritables
services publics constitués en monopoles.

Les postes, les télégraphes et téléphones, les ponts et
chaussées, la voirie urbaine, les fontaines publiques, les
écoles publiques, la préservation des incendies, les manufactures de tabac et d'allumettes, les poudreries, les
hospices sont, par contre, d'ordre collectiviste pur, puisque les profits et les pertes en sont répartis sur l'Etat
ou la commune, c'est-à-dire sur la collectivité.

Cette dernière catégorie de services publics est la
plus onéreuse; l'autre au contraire est très profitable à
ceux qui en ont le monopole. Qui pourrait empêcher
l'association de la nation entière ou de la commune,
suivant le cas, d'exploiter pour le compte de tous les
associés les services d'utilité publique. collectifs d'origine et par destination? Cela est de droit naturel. Nous
avons créé des fontaines et nous les entretenons sur les
ressources communes ; nous y puisons de l'eau à peu
près à notre fantaisie, et nous trouverions certainement monstrueuse l'idée de la mettre en actions. Eh
bien ! pourquoi ce qui est naturel pour l'eau ne le serait-
il pas pour toutes les denrées et objets nécessaires à
l'existence ?

Un jour viendra où ces choses seront comprises des
foules et ce jour est proche, car le machinisme nous y
conduit rapidement.

C'est lui qui règle désormais la production, qui supprime les intermédiaires et simplifie le travail ; il est
devenu le facteur le plus actif de la civilisation moderne : c'est le Progrès même qui l'a enfanté.

Le machinisme

Dans un certain milieu, — capitaliste, bien entendu,
— on prétend que l'état de choses que nous préconi-

sons nuirait à la liberté des individus. Il faut d'abord s'expliquer sur ce que l'on entend par la liberté individuelle. Si c'est la faculté laissée à l'homme d'agir selon son libre arbitre, rien de mieux. En ce cas, nous pouvons rassurer nos contradicteurs : le socialisme ne peut aliéner la liberté, sans laquelle il ne serait pas le socialisme. Mais s'il s'agit du pouvoir qu'ont actuellement certains hommes d'exploiter leurs semblables et de vivre du travail d'autrui, c'est une autre affaire. En réalité, le droit que l'on réclame ne peut s'appeler que d'un nom : c'est la liberté de l'exploitation de l'homme par l'homme, c'est le droit à la spéculation ; de cette liberté-là, le socialisme ne veut à aucun prix.

En réalité, le mot de liberté n'a rien à faire en l'espèce : il ne peut être question de liberté là où il n'y a pas de garantie d'existence.

Quant à la concentration du travail, oppressive de l'individu, ce ne sont certes pas les doctrines socialistes qui l'ont amenée : c'est la force des choses, c'est encore la loi naturelle de l'association pour la lutte qui a créé le machinisme omnipotent et, malgré tout, libérateur.

Ainsi, et bien que nous ne vivions pas sous le régime collectiviste, tant s'en faut, le travail individuel disparaît très rapidement. L'outil n'est plus le patrimoine de l'artisan : il est devenu machine, et l'ouvrier d'art n'est plus qu'un manœuvre ; la boutique s'est évanouie devant le grand magasin et le boutiquier devient simple commis. C'est un fait déplorable, mais reconnu et admis : la richesse sociale a augmenté, et cependant ces deux catégories de citoyens sont condamnées à l'indigence.

La petite culture lutte encore désespérément, mais c'est en vain : le lopin de terre se fondra à bref délai dans de vastes exploitations agricoles. Les paysans grevés d'hypothèques, criblés de dettes, voient leurs terres vendues à vil prix et rachetées par de grands propriétaires qui, plus tard, formeront de puissantes compagnies foncières. Le cultivateur n'est plus qu'un simple

valet de ferme ; en cette qualité, il comble les fossés et
arrache les haies qui morcelaient jusque-là le terrain ; il conduit une machine agricole qui fait le travail de vingt hommes ; il fume les terres avec les en-
grais composés qu'il n'avait pas le moyen de se procu-
rer ; il apprend ainsi que la culture intensive est plus
fructueuse et plus économique, mais c'est pour d'autres qu'il applique les nouvelles données de la science
agronomique. Là encore l'association pour la lutte produit des merveilles, et cependant Jacques Bonhomme
est ruiné et meurt de faim à côté des richesses qu'il a
créées.

Les communes elles-mêmes, les rares communes qui
ont su conserver un domaine collectif, des *communaux*,
sont sollicitées par les grands propriétaires, qui font
miroiter un denier important susceptible de mettre fin
aux embarras financiers de ces communes. Ils font va-
loir que, grâce à la vente des terrains communaux, on
éteindrait les dettes contractées pour la construction de
l'école ou la réparation du presbytère. Vienne un conseil municipal complaisant, composé d'obligés du propriétaire, et la commune entière appartient bientôt au
même individu.

Mais les grands propriétaires, à leur tour, subissent
les conséquences de la lutte pour la vie qu'ils ont pro-
clamée. Ils ont à lutter contre les puissantes sociétés
agraires de l'Amérique ; c'est alors qu'ils rejettent loin
d'eux la doctrine économiste du « laissez faire, laissez
passer » qu'ils opposent au peuple lorsque celui-ci solli-
cite l'intervention des pouvoirs publics en sa faveur.
Devant la concurrence étrangère, l'égoïsme individuel
reparaît et trahit l'égoïsme de classe : ils réclament à
grands cris le droit de vivre de leur travail ; et les pouvoirs publics, dociles instruments dans les mains de
ceux qui détiennent l'autorité, s'associent à eux pour
la lutte et violent la liberté du travail et des échanges
— si chère aux économistes, — en frappant les céréales
et les vins exotiques d'un droit prohibitif formidable.

On voit donc bien, par cet exemple, que si la lutte pour la vie est naturelle, l'association pour la lutte ne l'est pas moins et s'impose au nom de la science. En dépit de toutes les dénégations spécieuses, il y a corrélation intime entre tous les actes des hommes et des peuples, donc association ; cette association condense de plus en plus la production, la simplifie et en répartit les fruits avec une extrême rapidité. C'est la concentration des forces humaines contre les éléments. Le machinisme, pour meurtrier qu'il nous paraisse, n'en est pas moins socialiste et révolutionnaire : ce n'est pas lui qu'il faut accuser et maudire, mais bien les hommes qui l'ont accaparé à leur profit exclusif et prétendent s'en servir comme un instrument d'oppression contre ceux précisément qui créent la machine et la mettent en mouvement. La science et la nature n'ordonnent rien de semblable, et concoui nt, au contraire, à l'affranchissement de l'homme. Il ne dépend donc que des hommes, et d'eux seuls, que le machinisme tant honni soit rendu à sa mission émancipatrice.

Ce sont les rapports sociaux qui sont la cause directe de nos souffrances ; ce sont eux qu'il faudra modifier bon gré mal gré et mettre en harmonie avec les besoins de notre époque.

X. Genèse du Socialisme

Systèmes socialistes dans le passé

De tous temps, les penseurs, les philosophes, les moralistes se sont adonnés à l'étude des questions sociales et religieuses.

Les uns, indifférents aux souffrances qu'ils n'enduraient pas, consacraient leur activité à l'étude du problème de la création ; plusieurs même conçurent l'idée des atomes et proclamèrent l'éternité de la matière. Hommes de science, ils n'allaient pas au-delà de ce que leur enseignait la science ; par leur fatalisme, ils sanctionnaient les iniquités de leur époque comme beaucoup

de darwinistes de nos jours : ils admettaient l'esclavage.

D'autres, les panthéistes, virent dans l'univers un
tout unique dont les individus n'étaient qu'une émanation et devaient retourner dans son sein. C'est un système commode qui se réclame à la fois du mysticisme
et du matérialisme. De nos jours, un certain nombre de
savants et de littérateurs tentent d'instaurer cette doctrine en Occident. (Elle naquit dans l'Inde et les religions
hindoues dérivent des légendes panthéistes). — Ceux-là
sont des immobilistes.

Enfin des philosophes sentimentaux et rêveurs, trop
peu positifs pour approfondir les secrets de la nature,
crurent plus commode de diviser l'esprit et la matière
et adoptèrent le monothéisme des peuples sémitiques, si
contraire au génie multiforme des peuples aryens. Ils
prêchèrent la douceur, la résignation, mais en même
temps proclamèrent l'égalité et la fraternité. Pythagore,
l'un d'eux, fonda l'Institut communiste de Crotone, qui
sombra devant les rivalités envieuses des cités voisines.
Mais le plus illustre des spiritualistes communistes fut
Platon, que l'on a surnommé le divin, et dont le livre
De la République eut un retentissement considérable.

Ainsi la vérité se trouvait aux deux pôles de la philosophie : les matérialistes repoussaient la suprématie
d'un dieu et déifiaient les éléments, tout en admettant
des maîtres ; les spiritualistes prêchaient l'affranchissement de l'homme, mais sous la domination absolue d'un
dieu unique perpétuellement controversé et discuté.
Deux mille ans devaient s'écouler, avant que les deux
vérités se soient reconnues et fondues en une seule. Par
contre, les deux erreurs se confondirent rapidement, et
le dieu unique et omnipotent finit par faire très bon
ménage avec les maîtres matériels du monde.

Les temps n'étaient pas venus où l'humanité pourrait
comprendre les beautés de la solidarité sociale, et les
moyens proposés étaient trop étroits ou trop compliqués
pour être compris et acceptés. Bientôt, de la doctrine

tant admirée de Platon il ne resta que des préceptes
que ses successeurs dégénérés torturèrent et mutilèrent
pour les besoins de la cause. Les Juifs esséniens, chassés
de leur pays, habillèrent leurs paraboles et la légende
grossière du Christ de ces débris du platonisme et do-
tèrent le monde de la religion chrétienne, si différente
du but visé par les platoniciens.

Pourtant le communisme de Platon s'imposa dès
l'abord aux nouveaux sectaires : les Pères de l'Eglise
furent des communistes, et leurs disciples pratiquèrent
la communauté jusqu'au jour où leur religion fut devenue impériale, despotique et aristocratique ; le communisme ne fut plus alors pratiqué que dans les couvents,
caricature affligeante et stérile de l'association large
et humanitaire de Platon.

Mais cet abandon des doctrines premières ne s'accomplit pas sans protestations. Les premiers hérétiques furent tous communistes par opposition à la religion offi-
cielle romaine. Il est à remarquer, d'ailleurs, que tous
les cultes, à leur début, ont eu des tendances communistes : cela tenait à ce que les religions, réceptacle de
la science — alors suspecte aux yeux de la foule igno-
rante, — étaient la protestation de l'intelligence contre
la force brutale. Elles devaient, en prêchant l'altruisme,
aboutir logiquement au socialisme.

Quel que soit le point de départ : observation stricte
des lois de la nature, science ou sentiment, l'aboutissant est toujours le socialisme. Ce n'est qu'en per-
dant leurs vertus originelles que les prêtres cessèrent
d'être communistes, et les hérésies qui furent la conséquence de ces changements affectèrent toutes de re-
prendre pour leur compte les principes abandonnés. Et
chaque fois ce communisme déviait, car il contenait un
dissolvant rapide dans son sein : c'était la négation du
libre arbitre, qui reportait toutes les actions des hommes à la glorification de Dieu. De là les échecs subis :
une erreur ne peut s'allier à la vérité.

L'erreur, ici, n'est pas, à coup sûr, dans le commu-

nisme, puisqu'il est inhérent à l'état de nature et que
nous le retrouvons ailleurs qu'au sein de religions. Il
existait chez les peuples barbares (plus rapprochés de
l'état primitif), qui se partageaient les produits de la
chasse et de la guerre et vivaient en commun. Même
chez les peuples policés et divisés en plusieurs castes,
plusieurs institutions tenaient du socialisme : la *propriété* individuelle — qu'il ne faut pas confondre avec
la *possession* — n'existait pas chez eux ; la main-d'œuvre était chose commune ; la construction des monuments, la création des œuvres d'art n'étaient pas sala-
riées ; l'argent n'avait qu'une valeur d'échange ; l'Etat
nourrissait les citoyens et ceux-ci devaient également la
subsistance à leurs esclaves. Les Grecs, légiférés par
Solon et Périclès, jouissaient même d'institutions très
démocratiques et relativement libérales.

Les peuples prévoyants, les Egyptiens entre autres,
avaient des greniers publics où le blé était mis en réserve pour les cas de disette ; le cas échéant, il était
distribué au peuple et ne donnait pas lieu à la spéculation. Enfin, aujourd'hui encore, le sol est demeuré collectif en Asie ; les Orientaux et les Chinois ignorent
toujours les bienfaits de la propriété foncière. Le cultivateur occupe le champ qu'il ensemence et en jouit,
mais il ne peut le vendre ; cette sage mesure, enfreinte
par des étrangers commerçants ou missionnaires, a
même donné lieu à maints conflits avec les nations
propriétaires d'Europe. — On voit que l'invasion chrétienne, préludant à celle des Barbares, est loin d'avoir
émancipé les peuples, et nos institutions sociales modernes ne peuvent que perdre à être comparées à celles
qui régissaient la société antique.

Tentatives révolutionnaires

Depuis l'antiquité, bien des tentatives ont été faites
pour la rénovation de l'humanité. Les soulèvements sociaux ont été au moins aussi fréquents que les révoltes
politiques et religieuses.

Rappelons pour mémoire : la révolte des esclaves,

guidés par Spartacus, la célèbre grève agricole du Mont Sacré, dans les temps romains ; au moyen-âge, la révolte des pastoureaux et celle des Jacques, qui coïncida avec la révolution politique d'Etienne Marcel.

Après le massacre des Jacques, il régna sur le monde une atmosphère lourde et morbide d'où sortirent tout à coup la Renaissance et la Réforme. En France, les Vaudois, secte communiste et religieuse, furent impitoyablement massacrés. A cette époque, nous l'avons dit, les mouvements populaires prétendaient tous revenir à la religion d'origine, au communisme des Pères de l'Eglise. D'autres réformateurs, les Frères Moraves, établirent un communisme rationnel et pratique qui fut étouffé dans le sang. Puis vinrent les disciples de Wicleff en Angleterre, les Hussites en Bohême, les anabaptistes en Westphalie, également communistes et réformateurs, de même que les paysans qui pratiquèrent, à Mulhausen, le *Régime chrétien* de Münzer. Tous furent massacrés par les armées des dirigeants d'alors.

La série des révoltes sociales s'interrompt à nouveau pour reparaître dans les troubles occasionnés par le pacte de famine, dans les émeutes révolutionnaires et dans le complot de Babeuf, en 1797. Puis vinrent les soulèvements plus significatifs de Lyon en 1832 et 1836, de juin 1848, les grandes grèves de 1870 et la Commune de 1871, qui fut si atrocement réprimée par la réaction versaillaise.

En Allemagne, en Italie, en Irlande, en Angleterre, en Australie, en Belgique, et un peu partout en Amérique et en Europe, au cours de ces dernières années, des soulèvements partiels ont également ébranlé la vieille société capitaliste.

Mais en dehors de ces sanglants essais d'application des doctrines socialistes, il y eut de nombreux systèmes préconisés à toutes les époques par d'illustres penseurs. Nous allons énumérer rapidement les principaux d'entre eux ainsi que les ouvrages qui les classent dans la généalogie socialiste.

Le système que Platon exposa dans la *République* est le plus connu de l'antiquité. Au moyen-âge, Thomas More écrivit l'*Utopie*; Campanella fit la *Cité du Soleil* et Rabelais introduisit son *Abbaye de Thélème* au milieu de son *Pantagruel*. « Fais ce que veux », telle était la devise de l'abbaye. Nous avons vu que Jean Huss (les hussites), Jean de Leyde (les anabaptistes) et Münzer avaient tenté une révolution communiste : après eux vinrent le curé Meslier avec ses *Communautés économiques*, Morelly et son *Code de la Nature*, Diderot et sa *République des Calligènes*, et une foule d'autres penseurs.

Enfin la Révolution française surgit. La semence socialiste, après le libre arbitre proclamé par les philosophes du dix-huitième siècle, lève en Clootz, en Chaumette, en Babeuf et ses compagnons. Puis c'est la brillante pléiade des novateurs qui remuèrent si profondément le monde économique pendant un demi-siècle. L'époque qui salue les travaux de Lamarck, Geoffroy-Saint-Hilaire, Darwin, Hœckel, Broca, ces champions de la nature contre les dogmes surannés, enfante aussi le socialisme. Libre-pensée et socialisme, désormais, vont se réunir et culbuter le vieux monde. Mais citons les noms de ces glorieux précurseurs d'une ère nouvelle : Saint-Simon, qui fit des prosélytes jusque dans la haute bourgeoisie ; Auguste Comte, qui créa la doctrine positiviste, douce philosophie que nous trouvons pâle à côté des besoins de notre époque, mais aussi profondément naturelle ; Fourier, qui conçut le *Phalanstère* et l'Harmonie universelle ; — ses disciples, sous la direction de Victor Considérant, fondèrent des colonies phalanstériennes en Amérique ; ils échouèrent au Texas, mais réussirent partiellement sur d'autres points. — Puis ce fut Cabet, qui fonda la *Nouvelle Icarie*, qui végète encore, enfin Proud'hon, qui lança son audacieuse formule : « La propriété, c'est le vol ! » Pendant ce temps, Blanqui et ses disciples luttaient pour l'affranchissement de l'humanité, faisant entrevoir la solution du problème dans la Fédération des communes libres, et Karl Marx, en Allemagne, posait les bases du communisme scientifique dès 1848. Bientôt l'Internationale se forme, et dans son sein, concurremment avec Marx, Bakounine sème sa théorie nihiliste, à la fois humanitaire, grandiose et terrible. Il dit aux hommes : « Faites le bien ou disparaissez. » Enfin des congrès ouvriers sort le parti socialiste moderne, et Benoît Malon en France, De Paëpe en Belgique, synthétisent la doctrine et renouent la tradition entre l'ancien socialisme sentimental et le socialisme purement scientifique de l'école marxiste.

Aujourd'hui, l'on a compris que les tentatives partielles étaient vouées à l'insuccès : le problème social est universel, il ne dépend ni d'une nation ni d'une école de le résoudre ; à sa solution concourront et participeront toutes les énergies, toutes les souffrances.

Succès partiels

Il serait inexact, pourtant, de prétendre que tous les essais d'application du socialisme ont échoué ; la plupart même ont dû leur insuccès au milieu défavorable et à l'hostilité des organisations voisines bien plus qu'aux défauts de leurs systèmes. Ainsi les Mormons, qui pratiquaient une sorte de communisme relatif, ont fondé, sous la direction de Brigham Young, une cité florissante : Salt-Lake-City, dans l'Utah, mais ont dû se disperser devant la force armée de la capitaliste et républicaine Union, comme autrefois les Incas devant les conquérants espagnoles. En revanche, le familistère de Guise, fondé par Godin, est encore un bel exemple d'association qui s'accomplit sous nos yeux. Enfin Buenos-Amigos, au Pérou, est une colonie communiste très pratique et très florissante, fondée par José Rodriguez en 1853. Nous pouvons la citer comme un modèle digne d'être imité :

« A Buenos-Amigos, dit M. de Varigny, le sol, les produits, les instruments de travail appartiennent à la communauté. Il en est de même de l'individu, tandis qu'il demeure dans la colonie, car il peut en sortir comme il peut en être exclu. » Suit une énumération des précautions prises pour le recrutement de nouveaux colons, précautions qui deviendraient inutiles si le socialisme se généralisait, puis vient l'organisation politique : « La colonie est divisée en départements et sections. Chaque département — ils sont au nombre de quatre : celui du travail, celui de l'éducation, celui du commerce et celui de l'hygiène, — contrôle un certain nombre de divisions. Celles-ci élisent chacune un chef de département ; réunis, ces derniers constituent le *tribunal* et s'occupent en commun des finances et de la justice. Voilà pour l'administration.

« L'argent monnayé est exclu de la colonie ; il est remplacé par des billets de travail. Le principe étant, parmi les colons de Buenos-Amigos, que le travail est l'argent, ils ont pris l'heure pour unité monétaire. La réglementation est ainsi arrêtée : 60 minutes, une heure ; 8 heures, un jour ; 5 jours, une semaine ; quatre semaines et 2/5, un mois ; 12 mois, une année. Sur les billets, contresignés et poinçonnés par les chefs des quatre départements, on lit, suivant leur valeur : minute, heure, jour, semaine, mois et année. La valeur de l'heure équivaut en moyenne à 1 fr. 50. »

En cas de départ d'un colon, ses billets lui sont remboursés en argent monnayé. « Ces billets sont remis en échange de tout travail fait. Aucun adulte ne peut, sauf le cas de maladie ou d'impossibilité justifiée, s'exonérer de la tâche minimum de quatre heures par jour. Huit heures sont prescrites pour le temps normal, mais quatre heures sont absolument obligatoires ; celui qui ne les fournit pas est tenu à parfaire la différence le samedi ou le dimanche, qui sont jours de repos. »

L'aspect de la colonie ne manque pas d'attrait. Les rues y sont larges et parfaitement aérées. Le bâtiment directorial est construit en pierre de taille, avec une façade en marbre.

« A aucune époque de l'année, dit M. de Varigny, on ne chôme. Aussi, dans cette ruche toujours en activité, l'on ne tolère pas le paresseux ; il est impitoyablement chassé. Dans les courts intervalles où la culture du sol, l'exploitation des mines, des carrières, des forêts laissent des bras disponibles, ils sont immédiatement réquisitionnés pour la construction et la réparation des habitations, la réfection des routes, l'adduction des eaux, etc. »

Quant à la famille, elle est très simplement organisée. Les unions sont libres, et le refus d'un des deux *associés* de continuer la vie commune entraîne de droit la rupture. L'enfant appartient à la communauté ; c'est elle qui se charge de l'élever, de l'employer selon ses aptitudes particulières, d'en faire soit un cultivateur, soit un ouvrier ou un ingénieur ; mais, quel que soit l'emploi qu'il occupera, il ne sera ni moins ni plus rétribué que les autres, les heures de travail ayant tous la même valeur. Enfin les règles d'hygiène y sont telles que la mortalité est plus faible qu'ailleurs ; l'excédent des naissances sur les décès est remarquable.

Malheureusement, de tels exemples sont rares et nullement contagieux. Pour qu'une colonie socialiste réussisse, il faut une somme d'énergie et de bonne volonté au-dessus de la moyenne du peuple, car elles doivent reconstituer, sur un terrain neuf, le capital acquis des siècles antérieurs et auquel elles renoncent. Cette renonciation des associés à leur droit à la jouissance du travail accumulé et à la solidarité intime qui unit tous les hommes, met l'association en état d'infériorité manifeste sur la concurrence capitaliste, qui, elle, ne se fait pas faute de profiter du travail des siècles passés. De plus, il faut un apport de fonds pour permettre à la colonie de vivre en attendant les récoltes (à Buenos-Amigos l'apport était de 2,500 fr.) D'où un grand obstacle à leur développement. Reste, il est vrai, l'espoir que ces exemples amèneront à récipiscence la classe capitaliste. Hélas ! il est à craindre que les prolétaires ne soient complètement réduits à la misère et à l'abrutissement, — qui en est le corollaire obligé, — avant que les gouvernements aient pris l'organisation de Buenos-Amigos comme base de leurs constitutions. Ils ne céderont rien sans y être forcés.

XI. L'avenir de l'Humanité

Aveuglement de la classe dirigeante

On se demande souvent, en présence de la justice de notre cause et de la grandeur du but poursuivi, pourquoi la classe dirigeante, qui se prétend en même temps la classe la plus intelligente, n'accepte pas loyalement une solution cependant si conforme à l'équité et surtout aussi naturelle.

Cela tient à plusieurs raisons. D'abord parce que la loi du plus fort, empruntée à l'ordre naturel et appliquée arbitrairement à l'ordre social, domine encore le monde en dépit de tous les évangiles et de toutes les déclarations des droits de l'homme.

Parce que l'homme, aux prises avec les nécessités de la vie, forcé de songer quotidiennement au pain des siens, perd la notion des droits d'autrui pour ne penser qu'à ses intérêts personnels *immédiats,* à quelque degré de l'échelle sociale qu'il soit placé. Un peu de réflexion l'amènerait bien vite à concevoir et à désirer un état social meilleur, mais on ne lui en laisse pas le loisir, et ceux qui l'ont le gaspillent, dans l'incertitude où ils sont de pouvoir jouir du lendemain.

L'éducation absurde imposée aux enfants les habitue aussi à considérer comme fatales les conditions économiques actuelles. S'ils sont inintelligents, ils sont inaptes à concevoir d'autres idées que celles qu'on leur a inculquées à l'école, et s'en contentent; s'ils sont instruits, ils sont incités à utiliser leur savoir pour leur profit personnel, et l'humanité resterait ainsi éternellement stationnaire si des intelligences blessées par le spectacle de la misère humaine et opprimées elle-mêmes par l'imbécillité triomphante des favoris de la fortune, ne tentaient de briser de temps à autre le cercle qui enserre le monde, s'ils ne criaient aux peuples leurs droits et aux dirigeants leurs iniquités.

Un peu de réflexion, disons-nous, amènerait les humains à concevoir leur intérêt propre d'autre façon:

en effet, en jetant un simple coup d'œil sur les objets qui lui sont indispensables et qu'il n'a pas fabriqués lui-même, l'homme doit comprendre qu'il ne peut se passer de la collectivité, sinon pour vivre, du moins pour jouir de la vie le plus commodément possible. L'intérêt de tout être humain est donc intimement lié à l'intérêt de la collectivité, de même que l'intérêt de tous est le bien-être de chacun.

Les apparences peuvent momentanément faire illusion à la classe possédante. Elle peut se croire réellement privilégiée, mais ce n'est qu'un mirage. Le bourgeois qui se complaît dans l'état de choses actuel sacrifie sa sécurité, son avenir et celui de sa famille. La fortune est changeante et capricieuse, et le riche d'aujourd'hui peut devenir le pauvre de demain. Qu'aura-t-il gagné à son égoïsme ? Il stérilise, par son inaction personnelle et par le travail inutile occasionné par la garde de ses biens, une partie de l'activité humaine ; il limite volontairement la production utile aux besoins exclusifs de sa classe ; il maintient le paupérisme sans pour cela augmenter la richesse sociale. C'est un malfaiteur inconscient, et malgré l'acharnement qu'il met à détourner à son profit les trésors de la nature. il n'a même pas la sécurité du lendemain : sa fortune est à la merci d'un coup de bourse, sa vie à la discrétion d'un assassin, d'une guerre ou d'une insurrection. Il ne peut, d'ailleurs, y avoir de stabilité là où l'inégalité subsiste : l'égalité seule peut rétablir l'harmonie.

Aussi, malgré les progrès de la science, les hommes ne sont guère plus émancipés qu'aux temps barbares. Les obstacles rencontrés au début de la civilisation existent encore pour une classe de la société, celle précisément qui, par l'activité et par le nombre, est la plus apte à mettre en valeur le domaine intellectuel de l'humanité. Pour un inventeur qui se fait jour, combien d'autres sont morts à la peine ? Pour un artiste qui fait de l'art pour l'art, combien sont obligés de vendre leur talent pour vivre, et tuent, dans un labeur mercenaire, l'Idée qui germait en leurs cerveaux. Et combien de génies restés ignorés faute d'avoir pu s'affirmer! que de talents prostitués auraient enrichi l'humanité sans cette angoisse morbide du pain du lendemain!

Avec la société égalitaire, au contraire, le génie de l'homme, débarrassé des soucis de la lutte personnelle pour l'existence, reprendra son essor et réduira bientôt le travail manuel à une durée très courte ; les terrains non morcelés et ensemencés rationnellement seront cultivés selon les meilleures méthodes ; l'armée du travail, augmentée de tous les oisifs actuels et de tous ceux dont le labeur est maintenant improductif, deviendra tellement puissante qu'aucune réglementation ne sera plus nécessaire, le travail produit volontairement devant dépasser de beaucoup la consommation, quel que soit même le gaspillage qui puisse en résulter (1).

Alors même que les riches actuels ne gagneraient, à l'échange, que la sécurité, cela devrait suffire pour leur faire envisager la société future comme un bienfait pour eux et les leurs, en dehors de toute autre considération morale, et leur faire adopter les améliorations progressives et non révolutionnaires que les travailleurs revendiquent. Mais non, ils se bercent dans leur satisfaction, se rassurent par des arguments volontairement optimistes et rejettent de parti pris les réformes les plus anodines, qui satisferaient du moins une génération et assureraient la tranquillité du moment. Ils sont dévoyés par une défiance séculaire des formules nouvelles et par l'orgueil invétéré autant qu'injustifié de leur classe ; ils refusent d'ouvrir les yeux à la lumière et ne la voient que malgré eux (2).

_____

(1) Dans son livre *la Conquête du Pain*, Kropotkine démontre, à l'article *Agriculture*, la possibilité de cette surabondance de produits par les exemples qu'il tire de la culture maraîchère. Voir aussi *Culture maraîchère*, par M. Ponce.

(2) Quelques auteurs, et non des moins marquants, attribuent cette étroitesse de vues à la dégénérescence qui atteint fatalement toute classe dirigeante. Rappelons ici les paroles

Evolution ou Révolution

Dans ces conditions, se demande-t-on, comment la société passera-t-elle de la forme égoïste et capitaliste à la forme altruiste et égalitaire ? Terrible problème qui divise les socialistes en plusieurs écoles, et que les évènements seuls pourront résoudre.

Deux solutions, en effet, se présentent : révolution ou évolution.

Si les gouvernements accumulent les obstacles devant le socialisme altruiste (et ils le feront pour les raisons que nous venons d'exposer), ils grouperont contre eux

---

textuelles du célèbre professeur Loria, de l'Université de Padoue :

« Ce qui contribue à accélérer la décomposition de la forme politique actuelle et à faciliter la recomposition d'une forme supérieure, c'est la *dégénérescence épouvantable* de la classe bourgeoise, qui rend celle-ci de plus en plus *inapte* à tenir le sceptre du gouvernement et à diriger rationnellement la chose politique. Si, en effet, comme nous l'avons vu, la formation de la propriété capitaliste crée par elle-même la supériorité intellectuelle de la classe capitaliste et justifie ainsi l'ascendant politique de cette dernière, les influences dissolvantes de la différenciation sociale diminuent peu à peu cette supériorité intellectuelle et amoindrissent avec une puissance terrible la classe dominante.

« Comme le remarque si judicieusement le docteur Jacoby, « les hommes paraissent avoir été organisés en vue de l'égalité. Toute distinction en classes politiques, économiques ou intellectuelles, et toute sélection qui est la conséquence logique et naturelle de cette distinction, sont également funestes à l'humanité, aux élus comme au reste des humains. La nature paraît vouloir se venger de cette violation de ses lois et frappe cruellement les élus dans la septième génération.

« Chaque privilège que l'homme s'accorde est un pas vers la dégénérescence, les phrénopathies et la mort de sa race. » (*Étude sur la sélection.*) Et il ne sera point nécessaire d'apporter ici des preuves particulières et blessantes de cette dégénérescence si l'on observe avec un esprit impartial le triste spectacle que présentent aujourd'hui tous les États civilisés, dans lesquels l'orgie des volontés et des intérêts individuels les plus

toutes les énergies, toutes les forces vives, comme un
barrage accumule les eaux. Puis l'expansion naturelle
de toutes ces forces accumulées se fera d'autant plus
violemment qu'elles auront été plus retenues et qu'elles
auront plus à faire pour regagner le chemin que leur
aura fait perdre la résistance des immobilistes ; tôt ou
tard le torrent révolutionnaire surgira et emportera
le vieux monde. On ne peut prévoir alors ce que fera la
junte révolutionnaire victorieuse Par décret, elle
pourra supprimer d'un trait de plume les lois protec-
trices de la propriété, qu'un trait de plume avait également consacrées. Les communes affranchies et autonomes pourront alors expérimenter tels systèmes qui
leur sembleront les meilleurs, l'expérience devant faire
accepter le plus simple et le plus naturel ; l'Etat ne for-
merait plus alors qu'une Fédération de communes. Quant
aux causes qui détermineraient cette revanche de l'ordre naturel sur les obstacles sottement accumulés
devant l'évolution sociale, elles dépendent entièrement
de la nature de ces obstacles, de l'âpreté de la résistance
capitaliste et de la durée de cette résistance insensée.

---

déréglés a pris la place de l'expérience politique et de l'art du
gouvernement. D'autre part, tandis que la classe capitaliste
s'achemine tristement vers une décadence fatale, la classe ouvrière,
retrempée par les luttes sociales et par le travail, gagne chaque
jour en capacité intellectuelle et en moralité et acquiert dans une
mesure toujours plus large les qualités qui la rendent apte au
pouvoir.

« Ainsi donc, au moment même où la base économique sur
laquelle s'appuie la dictature politique de la bourgeoisie est
ébranlée, nous voyons les conditions de supériorité intellectuelle qui justifiaient cette dictature disparaître peu à peu
pour faire place à une véritable infériorité ; et, dès lors, s'impose
toujours plus pressante la nécessité d'arracher à la *ploutocratie*
plongée dans un marasme sénile le pouvoir que ses mains dé-
biles ne peuvent plus exercer pour le transmettre aux races
jeunes et vigoureuses, appelées à conduire le genre humain
vers de plus sereines et de plus lumineuses destinées. (Loria,
p. 359-360.) »

(Bien que cette solution violente soit la plus probable, nous la laisserons cependant de côté, cet ouvrage n'ayant pas pour but de préconiser telle ou telle tactique révolutionnaire, mais bien de vulgariser la sociologie.)

— Ou bien les législateurs, poussés à leur insu par les lois du transformisme, acculés à une solution précise soit par une grève générale pacifique (comme celle que firent les Belges pour la conquête du suffrage universel), soit par une manifestation des affamés (telle la croisade des Sans-Travail aux États-Unis le 1er mai 1894), soit encore par un mouvement électoral considérable ou toute autre cause encore imprévue, accepteront l'évolution lente, mais permanente de la société, et loin de s'opposer à sa marche, la canaliseront et la régulariseront de façon à passer sans secousse de l'état barbare actuel à une forme plus harmonique. Les disciples d'Auguste Comte, les positivistes, préconisent cette solution, tous les socialistes la désirent, et il serait, en effet, de l'intérêt de l'humanité qu'il en soit ainsi.

Envisageons donc pour un instant cette consolante perspective, et voyons comment s'accomplirait cette évolution pacifique.

On devrait d'abord proclamer le droit à l'existence de tout être humain, ce qu'avait fait la Convention nationale. Comme sanction : règlementation du travail par la fixation d'un maximum d'heures de travail correspondant aux besoins de la consommation ; garantie d'un minimum de salaire en rapport avec les nécessités de la vie ; indemnité de chômage et de maladie ; retraite au-delà d'un certain âge et en cas d'incapacité de travail ; mise à la charge de la société de la subsistance des enfants.

Ces nouvelles charges sociales amènent naturellement cette question : Comment se procurera-t-on l'argent nécessaire à en faire les frais? Par l'impôt progressif sur les revenus et le capital improductif et par les revenus directs des communes et de l'État (bois, postes, monopoles, etc.) L'impôt, qui n'est autre chose que l'équivalent des frais généraux de la civilisation, doit se prélever sur les bénéfices de cette civilisation, c'est-à-dire la richesse, et être payé par ceux qui détiennent cette richesse; il serait mobile et réglé sur les nécessités de la collectivité. De telle sorte que ce serait le capitalisme lui-même qui paierait les frais des réformes destinées à préparer son extinction en même temps que celle du paupérisme.

Période transitoire

Ces réformes, objectera-t-on, pour désirables qu'elles soient, ne résoudraient pas le problème social.

Non, sans doute. Toutes ces mesures proposées en vue de parer aux maux du présent ne seraient que transitoires; ce sont des calmants, et non la panacée universelle. Il faudra le grand air, le retour à la nature pour guérir notre société malade. Mais enfin, grâce à ces réformes, la voie serait déblayée. Le prolétaire, dégagé des angoisses du lendemain et même du jour, aurait une conception plus vaste des rapports qui doivent unir les individus; ils revendiquerait ses droits et consacrerait ses facultés à l'amélioration morale et matérielle de la société et de lui-même. Une fois que l'Etat aurait mis le doigt dans l'engrenage, il y passerait tout entier et rapidement, car il ne correspond plus aux nécessités modernes, et du jour où les hommes s'en apercevront, c'en sera fait de lui. Ainsi, dans un autre ordre d'idées, le gaz d'éclairage a préludé à l'éclairage électrique, le bateau à aubes au navire à hélice.

Mais reprenons notre hypothèse.

A l'aide de ces lois et de cette mobilité de l'impôt, l'Etat rachèterait les concessions de mines, chemins de fer, transports et autres monopoles, qui deviendraient propriétés collectives; l'exploitation en serait confiée aux corporations ouvrières elles-mêmes, afin d'éviter le favoritisme et l'écueil du fonctionnarisme, toujours routinier et formaliste. Les communes, rendues autonomes, rachèteraient ou construiraient des maisons spacieuses et aérées, exploiteraient elles-mêmes leurs services publics d'éclairage, de santé, d'alimentation ; créeraient des magasins généraux, des ateliers et des champs à grande culture ; l'exécution des travaux de tous ces services se ferait par les Bourses du Travail, par les syndicats corporatifs locaux ou par les syndicats agricoles et groupes de cultivateurs.

Ainsi se nivellerait peu à peu notre vieille société, dans l'hypothèse chimérique d'une solution pacifique. A mesure que le bien être deviendrait le lot ordinaire des travailleurs, la vie deviendrait plus difficile à l'oisif. L'argent ne trouvant plus à se louer, tomberait à un taux très bas, et les revenus, diminués par l'impôt, devraient, pour faire vivre qui les détiendrait, représenter un capital énorme. Les petits rentiers et propriétaires devraient donc se joindre à la ruche ouvrière, précédés dans cette voie par tous les intermédiaires inutiles que nourrit plus ou moins grassement notre société actuelle. Par suite de cet important renfort de bras, la durée des heures de travail se trouverait réduite à un minimum tel que le travail serait considéré plutôt comme un exercice salutaire que comme une corvée. Il ne resterait plus alors qu'à le rendre agréable en ne l'entourant pas d'une réglementation énervante et draconienne ; on éviterait toute cause de dégoût en confiant les bas travaux aux jeunes gens à tour de rôle, et ce pendant un temps relativement court, plus court assurément que le service militaire auquel on les astreint à notre époque.

Et sans secousse aucune, de par la bonne volonté et la sagesse des mandataires de la nation, ou mieux, par le libre développement de l'évolution naturelle, le capitalisme mourrait de sa belle mort, c'est-à-dire d'inanition ; et avec lui disparaîtraient les haines et les iniquités sociales.

Mais ce serait trop beau, et les classes dirigeantes ne nous montrent, à aucune époque de l'histoire, de tels exemples de grandeur d'âme et d'abnégation. Nous

croyons, au contraire, que ce ne sera ni sans peine, ni
sans secousse que les hommes se débarrasseront du man-
teau de plomb de l'inégalité, jeté sur leurs épaules depuis une si longue suite de siècles et qu'ils renonceront,
les uns à leurs privilèges, les autres à leur résignation
bestiale. La lutte sera donc âpre entre le monde nouveau et l'ancien, entre l'artificiel et le naturel, mais
néanmoins le résultat ne saurait en être douteux : le
transformisme suivra son cours, aussi bien dans l'ordre
social que dans l'ordre naturel, et le monde évoluera à
son heure, malgré tous les obstacles apportés par la
mauvaise volonté des classes possédantes.

A notre époque la force d'expansion des hommes s'est
tellement accumulée que la compression n'es plus longtemps possible ; la société actuelle est comme une machine sous pression : soulevez le levier, et la machine
se mettra en marche avec une rapidité dont nous ne
nous faisons peut-être pas une idée. Forçons les pouvoirs publics à garantir l'existence de l'individu, et le
progrès emportera l'humanité vers la société future,
vers l'âge d'or entrevu par Fourier et Cabet il y a un
demi-siècle.

La société future

La société, au sortir de la période révolutionnaire,
sera peut-être hésitante et timide, mais une génération
ne s'écoulera assurément pas sans qu'elle se soit orientée
définitivement vers la forme communiste, qui n'est que
l'épanouissement du collectivisme, forme transitoire entre la société d'aujourd'hui et celle de demain. Elle devra
aussi reconnaître aux hommes la liberté la plus étendue
qu'il soit possible.

Et qui donc pourrait se croire assez supérieur à ses
semblables pour esquiver ses devoirs sociaux et dicter des
lois qui vont à l'encontre de l'ordre naturel ? Des fous
ou des malfaiteurs, mais non des hommes sensés et
bons. Ces folies ne seront plus possibles dans l'avenir.

Le contrat social, engageant tout le monde bon gré
mal gré, ne doit léser personne et doit être la sauve-

garde de tous. Son rôle est protecteur, non oppresseur. Personne n'étant libre de refuser sa place dans la société, nul n'a le droit de soustraire à autrui sa part de jouissance dans les produits que procure cette association forcée. La société crée des charges aux hommes, en retour elle leur doit des avantages : « Pas de devoirs sans droits, pas de droits sans devoirs. »

Et ce n'est qu'en respectant les droits d'autrui que l'on peut prétendre au respect de ses propres droits.

La liberté individuelle est sacrée et n'a pour limite que la liberté d'autrui et l'intérêt collectif. Il n'y a pas d'autre restriction à y apporter. Par conséquent, la consommation ne devrait être réglementée que dans le cas où le produit serait en quantité inférieure aux besoins ; il y aurait alors lieu de rationner équitablement, mais non de favoriser. Voilà ce que nous commande de faire l'intérêt général, voilà la marque réelle de la supériorité de l'homme émancipé de l'animalité de par sa propre volonté.

Ce rationnement provoquerait naturellement des recherches pour arriver à une plus grande production de l'objet rationné, et cette restriction cesserait dès que l'on serait arrivé à ce résultat, ce qui ne serait pas long, puisque toute l'activité humaine, gaspillée aujourd'hui dans les combinaisons commerciales, administratives ou stratégiques, se reporterait alors vers ce but unique : l'amélioration des conditions d'existence de l'homme.

Au point de vue de l'hygiène publique, le changement sera non moins complet : les vieilles masures, les rues tortueuses, les cours malsaines, les ateliers poussiéreux et empestés, que condamne la science, feront place à des maisonnettes peu élevées, spacieuses et aérées, à des voies larges, à des usines réalisant les derniers progrès de l'hygiène urbaine et industrielle (1).

---

(1) Nous ne sommes, d'ailleurs, pas les seuls à partager cette manière de voir. Nous lisons, en effet, les lignes suivantes dans une brochure réactionnaire, le *Province contre Paris*, publiée en vue des élections législatives de 1893 :

Le surmenage, cette cause d'appauvrissement physique de l'homme, sera inconnu, parce qu'il est contraire à la nature et que la science l'aura rendu inutile. Chacun donnant selon ses forces recevra selon ses besoins. La vie facile, abondante, circulera par tous les pores de l'humanité.

Dans une société harmonique, basée sur les principes très simples que nous venons d'énoncer, les frelons seront rares, le travail devenant une distraction pour l'homme dès qu'il cesse d'être excessif et imposé. Et s'il en était, quelle existence serait la leur ? Mis à l'index, objets de dégoût pour leurs semblables, ils reviendraient bientôt apporter leur contingent d'efforts à la production commune, sans qu'il soit même nécessaire de violer leur liberté individuelle pour arriver à ce résultat.

Le contrat social doit proclamer les hommes égaux et libres. Ainsi l'ordonne la Nature.

La société future sera donc harmonique et indépendante. Dans l'ordre naturel, les molécules s'attirent et se repoussent sans relâche, pour se grouper enfin à d'au-

---

. « — Modifier les lois et règlements en ce qui concerne : le nombre maximum d'étages des immeubles servant à l'habitation qui ne devraient pas en avoir plus de deux ; l'élévation *minima* des plafonds et la surface des ouvertures pour distribuer plus abondamment qu'aujourd'hui l'air et la lumière ; l'isolement des usines et manufactures de diverses catégories ; tout cela, de façon à espacer la population au grand profit de l'hygiène, de la facilité du travail, de l'agrément et de la commodité des transports.

« Il faudrait arriver à ce que la population des plus grandes villes ne dépassât pas 400,000 habitants, à peu près également répartis sur une surface de 40 kilomètres carrés, superficie dévolue aux villes.

« Ce chiffre de population combiné à cette surface n'a rien de fantaisiste ; au-dessus, les inconvénients de la centralisation permanente prennent un développement dont la rapidité se multiplie pour ainsi dire par elle-même ; au-dessous, les avantages du contact et de l'échange des idées n'atteignent pas le plus haut degré possible.

« — Porter la pioche du démolisseur dans tous les quartiers

tres molécules par affinités ; toutes sont libres et égales.
Il en sera de même des sociétés humaines : elles se modifieront et s'amélioreront sans cesse, et chacun de leurs tâtonnements aura son utilité. Mais aussi longtemps qu'un individu pourra légitimement se plaindre de son sort, il restera quelque chose à faire et la société ne sera pas parfaite.

Cette société harmonique sera l'œuvre de nos descendants, non la nôtre. Il serait donc téméraire et vain de vouloir régler les rapports sociaux des hommes de demain, dont nous ne pouvons prévoir ni les besoins, ni les sentiments. Pourtant, de l'observation des lois de l'évolution, nous pouvons logiquement conclure, sans présomption, que l'avenir est à la commune libre et au communisme libertaire, parce que ces états politiques et sociaux sont ceux qui correspondent le mieux à l'état de nature.

Mais avant que les cerveaux humains soient aptes à comprendre cette simplification et cette harmonie, il

---

malsains au nom de l'hygiène et réduire ainsi le nombre des habitations en même temps que la densité de la population actuelle des grandes villes ; en second lieu, interdire toute construction dans un rayon de *dix* kilomètres autour des cités afin de les entourer d'une zone bienfaisante de végétation, de promenades et d'air pur, zone qui empêcherait les villes voisines de se relier et de former à nouveau des agglomérations ruineuses où réapparaîtraient bien vite les inconvénients que nous venons de signaler. C'est là d'ailleurs l'histoire de la formation de tous les grands centres, dont les noms des différents quartiers accusent autant d'anciennes villes distinctes. »

Inutile de dire que nous faisons des réserves sur cette dernière appréciation, qui nous semble exagérée.

Et cette note : « La superposition des nombreux étages des maisons ouvrières nous paraît constituer la cause par excellence de multiples inconvénients. Les malpropretés jetées des étages supérieurs dans les cages ouvertes d'escaliers contaminent rapidement la maison entière.

« Quant aux règlements des régisseurs, ils ne se suivent généralement plus au-dessus du second étage. »

faudra passer par une série de tâtonnements nécessaires. Là on appliquera le système collectiviste : quelque chose d'à peu près semblable à la société décrite
dans *l'An 2000* de l'Américain Bellamy ; là c'est le familistère, le phalanstère ou le communisme relatif de
Buenos-Amigos ; ailleurs encore d'autres conceptions,
qui dureront plus ou moins longtemps, selon que les
hommes s'obstineront dans les systèmes particuliers
qu'ils auront mis en pratique ou s'achemineront fran-
chement vers le but final : le communisme libre.

Notre besogne à nous, militants d'aujourd'hui, c'est
de préparer les voies et courir au plus pressé : arracher
le prolétaire à sa misère. Le peuple, dégagé de cet écra-
sant fardeau, comprendra de lui-même que le bonheur
est de ce monde, que l'âge d'or est dans l'avenir, non
dans le passé, et il travaillera en conséquence.

Intérêt et émulation

Mais, disent les tenants de la société actuelle, si l'intérêt cesse d'être le mobile des actions des hommes,
n'y a-t-il pas lieu de craindre que l'émulation dispa-
raisse ?

C'est une grave erreur de croire que l'homme s'immo-
biliserait dans la *statu quo* et s'en tiendrait aux résultats acquis. L'exemple des gens qui, de nos jours, s'occupent de recherches savantes, bien qu'ils soient à
l'abri du besoin et qu'ils n'attendent aucune amélioration
personnelle à leur condition d'existence, en est la meilleure preuve. Dans l'antiquité, les philosophes, les
poètes, les artistes et les savants étaient à l'abri du besoin, et cependant ils enfantaient des chefs-d'œuvre.
Phidias taillait dans le marbre l'image des dieux, sym-
boles d'une vertu ou d'un plaisir à cette époque, tandis
qu'un sculpteur de nos jours doit commencer par faire
le buste de Monsieur Prudhomme moyennant une ving-
taine de francs. Homère écrivait l'*Illiade* et Virgile
l'*Enéide* : nos littérateurs font des romans-feuilletons !
Pouvons-nous dire que nous sommes supérieurs à l'antiquité au point de vue artistique, et devons-nous encore

admettre que, sans l'intérêt comme stimulant, le progrès serait impossible? Poser la question, c'est la résoudre.

Quand les hommes seront dégagés de toute préoccupation mercantile, le temps qu'ils passeront à travailler selon leurs goûts et leurs aptitudes ne comptera pas, et déjà, à notre époque même, lorsqu'il s'agit de travaux volontaires et attrayants, l'on peut observer chez soi la vérité de ce principe. L'émulation se maintient et se développe même là où l'intérêt a disparu.

Non, le bien-être n'amènera pas l'arrêt de l'activité humaine, car la nature n'admet pas l'immobilisme. Le stationnement prolongé serait le point de départ de la décadence de l'humanité, et elle ne fait que sortir de l'enfance. Tant qu'il restera une découverte à faire, la science ne désarmera pas. De nouveaux besoins s'imposeront, nécessitant une production nouvelle ; l'humanité ira ainsi en se perfectionnant toujours, jusqu'à ce que notre globe, arrivé à son apogée, chauffé imparfaitement par un soleil sans rayons, dépérît lentement et entraînât la disparition graduelle des êtres et gravite, masse inerte, à travers l'immensité où il se décomposera, mais ne s'anéantira jamais.

L'homme, n'étant limité dans son action que dans cette éventualité fort lointaine, deviendra le maître incontesté de la terre dès qu'il voudra bien diriger ses efforts vers ce but unique. Les obstacles qu'il rencontre sont créés et entretenus par lui: il dépend donc de lui de les faire disparaître. C'est là l'aboutissant réel de la civilisation ; la science, qu'on le veuille ou non, entraîne l'humanité vers le socialisme, parce que la science est le produit du travail de tous et qu'elle ne peut se développer qu'avec le concours de tous. Elle est la résultante de l'association pour la lutte ; elle participe donc de l'évolution sociale et lui sert de véhicule. Et qu'est cette évolution sociale, sinon une des formes de l'évolution naturelle ? — Quiconque croit au transformisme doit partager logiquement cette manière de voir. Le socialisme, qui procède de la nature elle-même, devra s'en rapprocher le plus possible : c'est le retour à la nature, réglé et tempéré par la science, qui rendra possible l'avènement de la société harmonique, où les hommes libres et égaux conduiront leurs passions et seront véritablement moraux et fraternels.

Utopie, rêve, chimère, diront quelques-uns. Qu'importe! Le rêve d'aujourd'hui est la réalité de demain ; le fait acquis du jour était utopie la veille. La science n'en est encore qu'à la période théorique, et déjà elle a enfanté des merveilles, que ne pourra-t-elle lorsqu'elle sera en pleine possession de ses moyens et que l'organisation sociale ne lui fera plus obstacle ! Qui sait même si l'agriculture sera indispensable à la vie des hommes (1)? Aussi beaucoup nous présenteront des objec-

---

(1) Ecoutons ce que dit l'un de nos chimistes les plus en renom, Marcellin Berthelot, le créateur de la chimie organique :

« On a souvent parlé de l'état futur des sociétés humaines ; je veux à mon tour les imaginer telles qu'elles seront en l'an 2000.

« Dans ce temps-là, il n'y aura plus dans le monde ni agriculture, ni pâtres, ni laboureurs ; le problème de l'existence par la culture du sol aura été supprimé par la chimie ! Il n'y aura plus de mines de charbon de terre et d'industries souterraines, ni par conséquent de grèves de mineurs ! Le problème des combustibles aura été supprimé par le concours de la chimie et de la physique. Il n'y aura plus ni douanes, ni protectionnisme, ni guerres, ni frontières arrosées de sang humain ! La navigation aérienne, avec ses moteurs empruntés aux énergies chimiques, aura relégué ces institutions surannées dans le passé. Nous serons alors bien près de réaliser les rêves du socialisme. »

De négoce, il y en aura à peine ; de projets commerciaux, il n'y en aura plus :

« Le jour viendra où chacun emportera pour se nourrir sa petite tablette de matière azotée, son petit morceau de fécule ou de sucre, son petit flacon d'épices aromatiques, tout cela fabriqué économiquement et en quantités inépuisables par nos usines.

« La terre deviendra un vaste jardin, arrosé par l'effusion

tions plus ou moins spécieuses, très peu nieront catégoriquement la nécessité inéluctable d'une transformation sociale.

Nous avons suivi pas à pas l'évolution naturelle dans sa marche et nous avons dégagé l'évolution sociale des hérésies qui l'embrouillardaient. il était nécessaire que nous tirions les déductions logiques de cette étude en indiquant à grands traits ce que deviendra l'humanité affranchie de l'ignorance et de la cupidité, dussent nos conclusions choquer les opinions reçues jusqu'alors.

XII. La Morale naturelle

Les passions dépendent de l'état social

Les passions dépendent, pour la plus large part, de l'état social. Le monde n'est vicieux que parce qu'il souffre. L'intérêt personnel, cette matrice féconde de tous les vices, engendre les passions et pervertit le sens moral de l'homme : l'enfant naît avec des nerfs, mais non avec des passions ; sa cupidité n'est mise en éveil que parce que l'éducation est dirigée dans ce sens ; s'il n'était rationné dans ses besoins et contenu dans ses aspirations, il deviendrait naturellement bon et ses petits travers originels seraient facilement redressables et s'annihileraient au contact de ses semblables. Mais loin de là, dans notre société, l'on dit à l'enfant riche : « Ne fréquente pas cet enfant, il est trop pauvre, il te

---

des eaux souterraines et où la race humaine vivra dans l'abondance et dans la joie du légendaire âge d'or. Gardez-vous cependant de penser qu'elle vivra dans la paresse et la corruption morale. Le travail fait partie du bonheur. Dans le futur âge d'or, chacun travaillera plus que jamais. Or, l'homme qui travaille est bon, le travail est la source de toute vertu. Dans ce monde renouvelé, chacun travaillera avec zèle, parce qu'il jouira du fruit de son travail ; chacun trouvera dans cette rémunération légitime et intégrale les moyens pour pousser au plus haut point son développement intellectuel, moral et esthétique. »

prendrait tes jouets » ; et à l'enfant pauvre : « Ne touche pas cela, ce n'est pas à nous. » Comment veut-on que l'orgueil, l'envie ou la résignation stupide ne s'emparent pas de ces petits cerveaux ? Qui n'en voit pas d'ailleurs des exemples quotidiens autour de soi !

La plupart, sinon la totalité des défauts des hommes, ont leur point de départ dans l'insécurité du lendemain et le souci du pain de chaque jour ; les crimes dits passionnels eux-mêmes sont le résultat d'une maladie mentale parfois héréditaire, mais qui découle toujours originairement d'une irritation cérébrale, déterminée par l'inaccomplissement d'un désir — devenu passion impérieuse par suite de l'obstacle non surmonté — ou par un état de dénuement qui a fait dévier le sens moral de l'individu.

Les entraves à la liberté individuelle produisent aussi leurs fous, leurs monstres et leurs avortons. Le mariage, par exemple, basé sur des convenances financières et non sur les affinités, sur l'affection réciproque de deux êtres (l'amour), est une institution antinaturelle au premier degré, et c'est une des causes les plus déprimantes de la dégénérescence, soit morale, soit physique, de la r ce humaine. Le mariage a pour contre partie le célibat forcé pour une certaine catégorie d'individus, et la prostitution. Cette hideuse plaie est la conséquence de l'organisation défectueuse de la société ; elle prend sa source dans l'intérêt et la misère, parfois aussi dans l'*atavisme*, mais, même dans ce cas, on peut être certain que l'ancêtre dont la prédisposition au vice s'est continuée dans sa descendance, n'est descendu à ce degré de turpitude que sous l'influence des causes que nous venons d'indiquer.

L'immoralité a deux sources : la privation et l'abus de jouissance, toutes deux mères de l'ivrognerie et de la débauche, la première en raison du dégoût et de l'envie ; la seconde en vertu du désœuvrement, de l'orgueil et du désir de profiter de la capricieuse fortune. Supprimons la pauvreté, et par contre-coup la richesse, et l'immoralité aura fait son temps. Et la morale naturelle s'imposera d'elle-même, sans lois ni sanction.

Détruisons ces causes, et nous n'aurons plus à en redouter les effets. Changez le milieu et vous modifiez l'être à la longue. S'il n'y a plus de prostitution, la débauche perdra son aliment ; s'il n'y a plus de mariage, la femme sera plus respectée et les unions seront libres et fécondes ; si le travail est attrayant, il n'y aura plus de paresseux. L'homme deviendra bon, non pas seulement parce que le sentiment altruiste aura grandi en lui, mais plus simplement même parce qu'il n'aura plus aucun intérêt à faire le mal, et que le bonheur d'autrui, bien loin de lui rendre plus sensibles ses propres souffrances, le réjouira parce qu'il trouvera ce même bonheur chez lui, à ses yeux bien supérieur à celui du voisin.

Il sera bon encore parce qu'il ne mettra aucune vanité à faire montre de sa force physique ou intellectuelle, parce qu'il n'aura personne à humilier ou à commander. Considérez deux fiancés : l'homme est doux et bon, parce qu'il n'a aucun droit sur sa future femme et qu'il veut lui plaire. Rendez les hommes égaux, enlevez-leur toute autorité, et ils seront aussi affables dans leurs rapports que ces deux fiancés, d'autant meilleurs qu'ils auraient tout à perdre à procéder différemment.

Le sentiment naturel du devoir

L'homme, n'étant plus guidé par l'intérêt ou la vanité des récompenses se dévouera-t-il encore pour ses semblables ? nous objectera-t-on.

Absolument comme aujourd'hui. Il le fera non pour mériter le ciel ou des décorations, mais parce que le dévouement et le courage sont naturels chez l'homme. Ces sentiments altruistes ont toujours existé, même sans espoir de récompense, et on les rencontre chez beaucoup d'espèces d'animaux. Est-ce l'intérêt qui fait agir le terre-neuve ou le chien du mont Saint-Bernard ? Ils sont instinctifs et tiennent à la grande loi du mouvement, qui ne devrait, semble-t-il, pas trouver place dans ces

choses d'ordre purement intellectuel. Il en est pourtant
ainsi.

Leur origine, a dit Guyau, — philosophe de 1793
que nous sommes heureux de citer ici, — c'est le sentiment de sa propre force. C'est la vie qui déborde, qui
cherche à se répandre. « Sentir intérieurement ce qu'on
est capable de faire, c'est par là même prendre la première conscience de ce qu'on a le *devoir* de faire. »

« Le sentiment moral du devoir, que chaque homme
a senti dans sa vie et que l'on a cherché à expliquer
par tous les mysticismes, le *devoir* n'est autre chose
qu'une surabondance de vie qui demande à s'exercer, à
se donner ; c'est en même temps le sentiment d'une
puissance. »

Toute force qui s'accumule, avons-nous dit, crée une
pression sur les objets placés devant elle. Pouvoir
agir, c'est devoir agir ; la vie ne peut se maintenir qu'à
la condition de se répandre : « La plante ne peut s'empêcher de fleurir. Quelquefois, fleurir, pour elle, c'est
mourir. N'importe, la sève monte toujours! » s'écrie le
jeune philosophe hébertiste.

Il en est de même de l'être humain, lorsqu'il est plein
de force et d'énergie : la force s'accumule en lui. Il
aime, il se dévoue, il répand la vie. Il donne sans
compter — c'est la loi de nature qui le lui ordonne.
Et s'il doit périr, comme la fleur en s'épanouissant, —
n'importe ! La sève monte, si sève il y a.

Pourquoi cet homme saute-t-il à l'eau pour sauver
son semblable au péril de sa vie? Pourquoi ce savant
pâlit-il sur les débris des autres âges ? Pourquoi le volontaire part-il aux frontières ? Pourquoi le socialiste se
lance-t-il dans la mêlée où il n'y a que des coups à rece-
voir au lieu de rester ignoré chez lui ? Par calcul d'intérêt ? Non pas : parce que ces dévouements sont dans
leur nature.

L'amour de soi-même, l'égoïsme, s'est élargi chez eux
et ils l'étendent à l'espèce entière ; ils sentent impérieusement le besoin d'améliorer le sort de l'espèce pour
assurer leur bien-être personnel.

« On besoin d'aider autrui, dit encore Guyau, de donner son coup d'épaule au coche qu'entraîne péniblement l'humanité; en tout cas, on bourdonne autour. » Et toute cette immense activité qui, chaque jour, se dépense si inutilement en politique — qu'est-ce, sinon ce besoin de donner son coup d'épaule ou de bourdonner autour ?

La Morale socialiste

La Morale, dans la société future, sera facile à observer parce qu'elle sera naturelle. Elle se renferme tout entière dans cette formule : « *Fais à autrui ce que tu voudrais qu'il te soit fait; ne lui fais pas ce que tu ne voudrais pas qu'on te fasse !* » Ce précepte est tellement dans la Nature qu'on le retrouve chez tous les moralistes de toutes les époques. Ajoutons-lui cette autre formule : « *La liberté de l'homme n'a de limite que la liberté d'autrui,* » et notre code de morale sera parfait. Ce qui s'est fait jusqu'ici par la force et l'oppression devra se faire par la raison et le libre consentement des hommes, ce qui rendra les institutions sociales immuables et supprimera toute cause de désordre : là où aucune plainte justifiée ne pourra s'exhaler, il n'y aura rien à réformer.

Cette morale, on le voit, est simple : elle est cependant suffisante. Les hommes seront tous moraux, parce qu'il ne leur en coûtera rien. Par contre, la vertu n'aura plus aucun mérite, parce qu'elle n'aura plus aucun sens. La vertu n'est que la contre-partie actuelle du vice : c'est une renonciation volontaire aux jouissances dont on pourrait disposer, opposée à la jouissance effrénée de tout ce qu'on possède ou même de ce qu'on ne possède pas. Cette opposition de deux sentiments si contraires n'ayant plus sa raison d'être, la vertu n'existera plus, à moins que l'on ne décore de ce nom l'observation fidèle des lois de la nature ; elle sera alors le lot commun et aura par conséquent perdu toute valeur.

CONCLUSION

Mais il est temps de conclure ou plutôt de dire adieu au bienveillant lecteur qui nous a suivi jusqu'ici dans cette étude parfois aride de l'évolution des êtres et des choses. La conclusion, nos lecteurs l'ont certainement tirée avec ce dernier chapitre. Résumons donc notre pensée.

De même que les sociétés humaines se sont émancipées par la lutte, il importe également que la classe opprimée s'associe pour la lutte contre la mauvaise volonté de la classe dirigeante. Cette association ne peut qu'être féconde en résultats bienfaisants, car en elle réside toute la force vive de l'humanité; c'est elle qui met en œuvre les éléments de la nature : l'autre classe n'est que son parasite et son obligée.

Au nom de la Nature elle-même, et non malgré elle, les socialistes font appel à cette classe travailleuse en qui germe l'avenir. Que tous ceux qui travaillent et peinent s'unissent à ceux qui croient à l'amélioration de l'humanité et souffrent des iniquités sociales ; que tous travaillent sans relâche au renversement des obstacles accumulés devant l'évolution sociale ; qu'ils le fassent de toute leur énergie et par tous les moyens en leur pouvoir : bulletin de vote, grève générale, brochures, conférences, etc. Qu'ils profitent de toutes les occasions pour battre en brèche le vieil édifice d'iniquités qui déjà menace ruine; à cela nous aurons double bénéfice : nous améliorerons peut-être momentanément notre sort en arrachant des concessions à ceux qui nous oppriment, et nous aurons, en tout cas, travaillé pour l'émancipation intégrale de l'humanité ; nous aurons ensemencé, d'autres récolteront. Nous paierons ainsi notre dette de reconnaissance envers tous ceux qui ont lutté pour notre émancipation et pour leur idéal humanitaire.

Ah ! nous le savons, à notre époque, ce mot fait sourire. Qu'est-ce que l'idéal ? On s'en moque, avec ostentation, sans s'apercevoir que tous nous avons notre idéal ? Certes, le mot a été quelque peu démodé. On a si souvent confondu l'idéal avec la mutilation bouddhiste, mahométane ou chrétienne ; on a si souvent employé ce mot pour tromper les naïfs que la défaveur s'est produite contre lui. Nous aussi nous aimerions à le remplacer par un mot nouveau plus conforme aux idées nouvelles.

Mais quel soit le mot, le fait est là : Chaque être humain a son idéal; seulement les uns le placent dans l'assouvissement de leurs passions et de leurs appétits, les autres dans des satisfactions morales.

« D'où vient cet idéal ? demande un de nos philosophes, Pierre Kropotkine; comment se façonne-t il ? par l'hérédité d'une part et les impressions de la vie d'autre part ? Nous n'en savons rien. Mais il est là, variable, progressif, ouvert aux influences du dehors, toujours vivant. C'est une sensation, inconsciente en grande partie, de ce qui nous donnera la plus grande somme de vitalité, de jouissance d'être.

« Eh bien ! la vie n'est vigoureuse, féconde, riche en sensations, qu'à condition de répondre à cette sensation de l'idéal. Agissez *contre* cette sensation, et vous sentez votre vie se dédoubler ; elle n'est plus *une*, elle perd de sa vigueur. Manquez souvent à votre idéal, et vous finissez par paralyser votre volonté, votre force d'action. Bientôt vous ne retrouverez plus cette vigueur, cette spontanéité de décision que vous vous connaissiez jadis. Vous êtes un être brisé.

« Rien de mystérieux là-dedans, une fois que vous envisagez l'homme un composé de centres nerveux et cérébraux agissant indépendamment. Flottez entre les divers sentiments qui luttent en vous, et vous arriverez bientôt à rompre l'harmonie de l'organisme, vous serez un malade sans volonté. L'intensité de la vie baissera et vous aurez beau chercher des compromis : vous ne vous relèverez pas même à vos propres yeux, vous ne serez plus l'être complet, fort, vigoureux que vous étiez lorsque vos actes se trouvaient en accord avec les conceptions idéales de votre cerveau. »

Laissons donc libre cours à nos aspirations et répandons autour de nous ce que nous croyons être la bonne parole. Faisons le bien autant que nous le pouvons, et exigeons que d'autres le fassent. Non seulement ne faisons pas le mal, mais groupons nos efforts pour empêcher autrui de le faire. Associons-nous solidement pour la lutte, et cette fois pour la lutte au profit de tous. Opposons, sans crainte d'être démentis par la science et par la nature, à la déprimante théorie du chacun pour soi, la belle et humaine devise : « Tous pour un, un pour tous ! »

Et bientôt la vieille société égoïste sombrera, et avec elle disparaîtra à jamais l'exploitation de l'homme par l'homme. Sur les débris des religions antiques et du culte moderne de l'Or s'élèvera le culte du beau et du bien, le temple de l'Humanité. Alors l'union de deux êtres sera le résultat d'une attraction réciproque, de l'amour ; la famille idéale renaîtra avec tous ses charmes idylliques, mais sans les angoisses d'aujourd'hui ; c'est alors, mais seulement alors que les hommes seront véritablement frères. Et nos descendants pourront enfin lire sur nos monuments publics, sans amertume, mais au contraire avec un légitime sentiment d'orgueil, la trace de cette belle devise des révolutionnaires de 1793 : « Liberté, Egalité, Fraternité. »

A. Marpaux.

PETIT LEXIQUE
des mots présentant quelque difficulté
contenus dans cet ouvrage

A

ABORIGÈNE. — Qui est originaire du pays qu'il habite.

ACÉPHALE. — Qui est dépourvu de tête.

AFFINITÉ. — Parenté acquise par le mariage. Conformité, rapport, liaison. Tendance des corps à s'unir.

AGRÉGAT. — Assemblage de parties qui adhèrent entre elles.

ALLUVION. — Terrain formé par le déplacement lent et graduel des eaux.

ALTRUISME. — Sentiment opposé à l'égoïsme. L'amour d'autrui.

AMBIANT. — Qui entoure, enveloppe.

AMORPHE. — Sans forme et sans organe.

ANNELÉS. — Animaux formés d'anneaux ajoutés les uns aux autres.

ANTHROPOÏDE. — Qui ressemble à l'homme.

ANTHROPOMORPHE. — Synonyme du précédent.

ATROPHIE. — Appauvrissement d'un organe, amaigrissement excessif.

AUTOCHTONE. — Synonyme d'aborigène.

AZOTE. — Gaz qui entre pour 4/5 dans la composition de l'air atmosphérique, et qui ne peut entretenir ni la respiration, ni la combustion.

B

BASALTE. — Roche volcanique d'un noir plus ou moins foncé. *Basaltique.*

BRACHYCÉPHALE. — Tête courte. Se dit d'un homme dont le crâne, vu d'en haut, a la forme d'un œuf, la plus grande longueur ne dépassant pas la plus grande largeur.

C

CALLOSITÉ. — Epaississement et durcissement de l'épiderme.

CARBONIQUE. — Se dit d'un acide résultant de la combinaison du carbone (corps simple) avec l'oxygène.

CARBONIFÈRE. — Qui contient du charbon.

CARTILAGE. — Tissu blanc, dur et élastique qui se trouve surtout aux extrémités des os, et qui remplace les os chez quelques espèces.

CENTRIFUGE. — Qui tend à s'éloigner du centre. Ex. : la pierre d'une fronde tend à franchir le cercle décrit par la fronde.

CENTRIPÈTE. — Qui tend à se rapprocher du centre.

CÉPHALOPODE. — Mollusque caractérisé par des tentacules à la tête.

CONDENSER. — Rendre plus dense, c'est-à-dire plus serré, plus aggloméré.

CONIFÈRE. — Arbre en forme de cône, comme le sapin, le pin, etc.

COSMIQUE. — Qui a rapport au monde, à l'univers.

COSMOGONIE. — Système de la formation de l'univers.

CUSPIDE — Qui se termine en pointe.

CYNOCÉPHALE. — Singe dont la tête a quelque ressemblance avec celle du chien.

D

DARWINISME. — Doctrine de l'évolution naturelle formulée par Darwin.

DÉISME. — Croyance en Dieu seul, sans admettre pour cela la révélation.

DOLICHOCÉPHALE. — Tête longue. Se dit d'un homme dont la tête est ovale à sa partie supérieure, la longueur du crâne l'emportant environ d'un quart sur la largeur.

E

ECONOMIE SOCIALE. — Science qui traite de la production, de la consommation et des lois qui régissent les rapports sociaux.

EMBRYON. — Fœtus commençant à se former. Plante en germe.

EPIGLOTTE. — Cartilage qui couvre et ferme la glotte (organe de la voix).

ETHNOLOGIE. — Science qui traite des races humaines, de leurs mœurs, de leurs coutumes.

F

FLUIDE. — Corps dont les molécules ont si peu d'adhérence entre elles, qu'elles glissent les unes sur les autres et tendent continuellement à se séparer.

FŒTUS. — Premier état de l'animal avant sa naissance.

FORAMINIFÈRES. Protozoaires à coquilles percées de petits trous.

G

GASTÉROPODE. — Mollusque se mouvant sur le ventre.

GENÈSE. — Premier livre du *Pentateuque* de Moïse et de toute la Bible. Se dit par extension de l'histoire d'un peuple ou d'une espèce depuis son origine : la genèse de l'homme, zoogenèse (histoire de l'animalité), etc.

H

HÉTÉROGÈNE. — Qui est de nature différente. Son opposé est *Homogène*.

HYDROGÈNE. — Corps simple, gazeux, qui entre dans la composition de l'eau.

I

IGNÉ. — Qui est de feu, qui a les qualités du feu. *Ignition*. Etat des corps en combustion.

IMPONDÉRABLE. — Se dit de toute substance qui ne produit aucun effet sensible sur la balance la plus délicate, comme le calorique, la lumière, le fluide électrique, le fluide magnétique.

INCITER. — Pousser à faire quelque chose. Incitation est synonyme d'instigation

INFUSOIRES. — Animalcules microspiques qui vivent dans les liquides ; ainsi nommés parce qu'on les a reconnus pour la première fois dans une infusion de plantes.

L

LARYNGÉ. — Qui a rapport au larynx.

M

MACHINISME. — Système par lequel la machine fait le travail de l'homme.

MAGNÉTISME. — Agent auquel l'aimant doit sa propriété d'attirer le fer, et qu'on a identifié avec l'électricité. Affinités des corps et des mondes entre eux. Le magnétisme est un fluide encore mal connu, bien qu'on ait abusé du mot.

MAMMIFÈRES. — Animaux à mammelles, vivipares et respirant par des poumons.

MARSUPIAUX. — Mammifères imparfaits qui portent sous le ventre une poche dans laquelle ils reçoivent leurs petits.

MATÉRIALISME. — Système de ceux qui croient que la matière est éternelle, et que tout est matière. Professé autrefois par Démocrite, Epicure, etc. Synonymie : Naturalisme.

MOLÉCULE. — La plus petite partie d'un corps. S'emploie concurremment avec atome, mais le mot molécule ne désigne qu'une portion infime, tandis que l'atome s'entend d'un corps infiniment petit, mais autonome.

MOLLUSQUES. — Animaux à corps mou, sans vertèbres.

MONADE. — Animalcule imperceptible, le plus simple des êtres.

MONOTHÉISME. — Doctrine qui n'admet qu'un seul dieu. *Polythéisme* veut dire plusieurs dieux et *Athéisme* aucun.

MORPHOLOGIE. — Science qui traite des formes des corps.
MULTIFORME. — Qui a ou prend plusieurs formes.

O

ORNITHORINQUE. — Petit mammifère de l'Australie; celui qui se rapproche le plus des reptiles ampbibies.
OROGRAPHIE. — Description des montagnes. *Orographique*, qui a trait aux montagnes.
OXYGÈNE. — Corps simple, formant la partie respirable de l'air; il est aussi l'agent de la combustion.

P

PANTHÉISME. — Système de ceux qui identifient Dieu et le monde, qui ne formeraient qu'un. Professé au moyen-âge par Spinosa en Italie.
PARADOXE. — Proposition contraire avec l'opinion commune et qui semble opposée à la logique.
PHALANSTÈRE. — Réunion d'individus qui, dans le système de Fourier, doivent vivre en commun.
PROMAMMIFÈRES. — Venus avant les mammifères, s'en rapprochent.
PROSÉMIENS. — Venus avant les singes qui en dérivent.
PROTOZOAIRES. — Embranchement du règne animal renfermant les animaux inférieurs.

S

SÉLECTION. — Choix, éviction des êtres les plus faibles ou les moins aptes à remplir le but qui leur est propre.
SIMIEN, SIMIESQUE. — Qui tient du singe.
SOCIOLOGIE. — Science des questions politiques et sociales.
SOPHISME. — Argument captieux, qui pèche dans la forme, dans les termes et au fond.
SPIRITUALISME. — Doctrine qui admet l'existence d'êtres immatériels.
SYNAMIBES. — Venus après les amibes.

T

THÉOLOGIE. — Science de Dieu.
TRANSFORMISME. — Doctrine scientifique élaborée par Lamarck et Geoffroy-Saint-Hilaire et reprise par Darwin. Synonimie : Naturalisme, Darwinisme.

V

VERTÉBRÉS. — Animaux dont le squelette renferme des vertèbres.

Z

ZOOPHITES. — Animaux dont les formes rappellent celles des plantes.